Die

Selbstverwaltung der Volksschule.

Vorschläge zur Lösung des Schulstreites

durch

die preußische Kreis-Ordnung

von

Dr. Rudolf Gneist.

Springer-Verlag Berlin Heidelberg GmbH
1869

ISBN 978-3-662-32292-5 ISBN 978-3-662-33119-4 (eBook)
DOI 10.1007/978-3-662-33119-4

Inhaltsverzeichniß.

I.

Die Hindernisse der preußischen Schulgesetzgebung.

Am 27. Juni 1869 sind funfzig Jahre verflossen seit dem Tage, an dem die Ausarbeitung eines Gesetzes über die Verfassung des Schulwesens im preußischen Staate vollendet war, welches bis heute noch nicht zur Ausführung gelangt ist.

Der äußere Gang dieser „Frage" ist folgender gewesen.

Schon die Instruction für die Provinzial-Consistorien v. 23. Okt. 1817 sagt im § 7: es soll eine allgemeine Schulordnung erlassen werden.

Die A. K.-O. v. 3. Nov. 1817 setzt eine Immediatcommission ein mit dem Auftrag: es soll eine allgemeine Schulordnung ausgearbeitet werden.

Die ernannte Commission hat einen Entwurf zu Stande gebracht: der Entwurf mit allen dagegen erhobenen Erinnerungen ist aber stillschweigend liegen geblieben.

Nach dem Regierungswechsel von 1840 ist eine Schulordnung für die Provinz Preußen zu Stande gekommen: die sieben übereinstimmenden Gesetzentwürfe für die übrigen Provinzen sind aber durch die politischen Ereignisse des Jahres 1848 in ihrem Gange unterbrochen worden.

Die gesammten Verhandlungen über die Redaction und über die Revision der preußischen Verfassungsurkunde, soweit sie das Unterrichtswesen betreffen, gipfeln in dem Artikel 26: „Ein besonderes Gesetz regelt das ganze Unterrichtswesen."

Das Ministerium v. Ladenberg hat darauf ein Gesetz über das ganze Unterrichtswesen entworfen, aber nicht bis zur Berathung in den Kammern gebracht.

Das Ministerium v. Bethmann-Hollweg ist mit seinem Gesetzentwurf nur bis in die einleitenden Stadien gelangt.

In der Zwischenzeit hat das Abgeordnetenhaus mehrmals die Resolution beschlossen: es soll ein Gesetzentwurf über das Unterrichtswesen vorgelegt werden.

Die Staatsregierung hat mehrmals zugesagt: es wird ein Unterrichtsgesetz vorgelegt werden.

Endlich ist ein „Gesetzentwurf betreffend die Einrichtung und Unterhaltung der öffentlichen Volksschulen" d. d. 11. Dez. 1867 vorgelegt: die Berathungen einer ganzen Session sind jedoch in einen Commissionsbericht des Herrenhauses (Nr. 86 der Drucks. 1867-8), verlaufen, welcher zunächst auf eine Ablehnung hinzielt.

Ein umgearbeiteter Entwurf, d. d. 2. November 1868, ist in der folgenden Session zuerst dem Abgeordnetenhause vorgelegt: die zu dem Zweck verstärkte Unterrichtscommission ist aber zu keiner sachlichen Berathung und Berichterstattung gediehen, vielmehr nur zu einer aufschiebenden Resolution, insbesondere zu der Erwägung: „ob der Erlaß eines vollständigen Unterrichtsgesetzes in der That so unmöglich erscheine, wie die Staatsregierung noch immer annimmt."

Das Abgeordnetenhaus selbst hat sich in der Wintersession 1868-9 auf eine Debatte über confessionelle oder confessionslose Schulen beschränkt und auf die Frage, ob der (noch nicht ausgeführte) Artikel 25 der Verf.-Urk. bestehen oder aufgehoben werden solle.

Inzwischen hat der Unterrichtsminister ein gegebenes Versprechen erfüllt durch Veröffentlichung der Schrift: „Die Gesetzgebung auf dem Gebiet des Unterrichtswesens in Preußen vom Jahre 1817 bis 1868, Actenstücke mit Erläuterungen aus dem Ministerium," mit Vorwort vom Januar 1869.

Die „Actenstücke" schließen mit der Bemerkung, daß durch die Resolution der Unterrichtscommission die Frage auf den Standpunkt zurückgeführt sei, von dem sie im Jahre 1817 ausgegangen.

Die späteren Erörterungen werden ergeben, daß der ministerielle Gesetzentwurf die Frage auf den Standpunkt von 1794 zurückführt.

In diesem Kreislauf sind 50 Jahre dahingeschwunden.

Die in Deutschland so beliebten Säculärfeierlichkeiten pflegen mit Genugthuung und einiger Ruhmredigkeit auf Resultate zurückzublicken. Wir thun wohl besser, bei dieser seltsamen Demisecularfeier uns möglichst nüchtern die Wahrheit zu sagen.

Die Wahrheit ist, daß Preußen seit 50 Jahren das Bedürfniß einer Schulgesetzgebung anerkennt, daß aber die gesetzgebenden Organe der Aufgabe nicht gewachsen waren, — ein Vorwurf, welcher sich auf 30 Jahre absoluter Regierung, auf 20 Jahre constitutioneller Regierung, also auf Beamtenthum und Kammern vertheilt.

Schon diese Vertheilung wird die Vermuthung begründen, daß der Schulgesetzgebung tief liegende Hindernisse von mehr als einer Seite entgegenstehen. In der That handelt es sich dabei um Schwierigkeiten, welche der europäischen Welt zur Zeit in gewissem Maße gemeinsam sind.

Nachdem der Absolutismus alle staatliche Thätigkeit in einem berufsmäßigen Beamtenthum monopolisirt, und in diesem Beamtenthum wieder durch Arbeitstheilung fachmäßig gespalten hat: so kann die Bildung gesetzgebender Körperschaften aus solchen Zuständen heraus auf dem Continent keine leichte Sache sein. Indem die Repräsentativverfassung die verschiedenen Schichten der ländlichen, der städtischen Gesellschaft und der gelehrten Berufe bei der Wahl gesetzgebender Körper betheiligt, so müssen zunächst sehr verschiedenartige Interessen und Lebensanschauungen zur Geltung nebeneinander kommen. Unabänderlich stehen aber alle Einrichtungen des Staats, mit ihrem Zwangscharakter und ihren fern liegenden Zielen, den nächsten Interessen der Gesellschaft entgegen, und erzeugen damit eine Spannung und Unstetigkeit, welche alle neu gebildeten Verfassungen charakterisirt.

Es bedarf deshalb jenes großen Zwischenbaues, der unter dem Namen des selfgovernment die eigentlich entscheidende Grundlegung der Parlamentsverfassung bildet. Dieser Zwischenbau ist es, welcher die einander widerstrebenden Klassen der Gesellschaft im nachbarlichen Verbande zusammenfügt, im Dienst der höheren Staatsidee vereint, und in dieser Zusammengewöhnung die politischen Grundsätze bildet, auf welchen die erhaltende und fortschreitende Kraft der Staatsinstitutionen beruht. Erst durch diese Zusammengewöhnung treten die weiteren und höheren Ziele der menschlichen Gemeinschaft in das Bewußtsein der Gesellschaft. Aus der Gewöhnung an eine Selbstverwaltung im Einzelnen entsteht die Fähigkeit zur Selbstverwaltung im Ganzen, d. h. die erfolgreiche Gesetzgebung und Controlle der Staatsverwaltung durch parlamentarische Körper. Zur Erkenntniß jenes Zwischenbaues ist die Rechtsbildung England's vorzugsweise geeignet. Die gleiche Bedeutung aber hat jener Zwischenbau für alle Völker und Zeiten. Die Staatsgeschichte aller großen Nationen hat ihren nächstbestimmenden Charakter in jenem Organismus, der die gesellschaftlichen Klassen selbstthätig in den Dienst der höheren, dauernden Ziele der Gemeinschaft hineinzieht.

So leicht erkennbar dies Verhältniß vorliegt, so entsteht doch in jeder Neubildung der Staatsverfassung zunächst eine Bewegung im

Kreise; denn jede Gesellschaftsgruppe wendet die Ideen von einer Parlamentsstandschaft oder einem Wahlrecht stillschweigend nur auf sich selbst an, und hält die daraus hervorgehenden staatlichen Rechte für das allein Wesentliche. Als „öffentliche Meinung" geht daraus eine Summe von Vorstellungen hervor, welche einander widersprechend, in ein und demselben Staate neben einander keinen Platz haben. An Stelle politischer, für die Gesetzgebung und Verwaltung des Staats anwendbarer Grundsätze, entstehen daraus allgemeine Formeln und Resolutionen, von denen in der Wirklichkeit des Staats kein Gebrauch zu machen ist, die sich aber in dem Instinct der Selbsterhaltung leicht Jahrzehnte hindurch ziehen, weil ihre Entwickelung zu anwendbaren Grundsätzen den Widerspruch der Bestrebungen zum Vorschein bringt, und mit der Formel auch die Parteien auflöst.

Dieser allgemeine Charakter der Parteibewegung erscheint auch in dem Streit über die Gestaltung der Volksschule. Es ist das meistbetheiligte Interesse der zahlreichen Elementarlehrer, welches hier in das Leben der Nation eintritt; es sind tiefliegende confessionelle Gegensätze und Vorurtheile; es ist das weit und mannigfaltig vertheilte Interesse der Schullast, welches dies Gebiet der Gesetzgebung bewegt. Die vereinigenden Gesichtspunkte liegen gerade hier in den ferneren, idealen Zielen menschlicher Gemeinschaft. Hätte unsere Zeit überhaupt die Geduld zu nüchternen Rückblicken auf ihr unstetiges Denken und Schaffen, so würden nicht nur die mißglückten Gesetzentwürfe, sondern ebenso die Kammer- und Commissionsverhandlungen, die Tagespresse und die Flugschriften in übereinstimmender Weise die drei Grundmängel darlegen, an welchen die bisherigen Versuche gescheitert sind: die Unklarheit der herrschenden Vorstellungen, — den mangelnden Sinn für Gesetzlichkeit, besonders in dem Verhältniß zwischen Kirche und Staat, — den Mangel eines ernsten Willens, der Elementarschule durch Beschaffung neuer Mittel zu helfen.

Der erste Mangel, die Unklarheit der herrschenden Vorstellungen läßt sich charakterisiren durch die 126 Postulate, welche einst die Lehrerconferenzen von 1848 (Actenstücke S. 126—134 ff.) aufgestellt haben. So wunderbar solche durcheinander gehen, so bilden sie doch nur einen Theil der unabsehbaren Ansprüche auf „Leitung" und „Beschließung," welche die verschiedenen Elemente der Gesellschaft in dem Volksschulwesen erheben. Auch die unzählige Male gefaßte Resolution, „daß der Staat, die Kirche und die Commune ihren Antheil an der Leitung der Schule haben müsse," hat keinen wirklichen Inhalt, da jeder Theil seine Standschaft oder sein Wahlrecht an dieser

Stelle sich anders denkt. Die verschiedenartigsten Ansprüche durchkreuzen sich dann wieder mit denen des Lehrpersonals, welches, wenn es für sich Beschlüsse faßt, gleich anderen Gesellschaftsgruppen gewählte Lehrerparlemente beansprucht, die sich als Kreissynoden, Bezirkssynoden und Landessynoden übereinander lagern würden. Solche Ansprüche haben allenfalls neben einander Platz, so lange sie auf dem Boden der Allgemeinheit, im Kreise der Kammerreden, Zeitungsartikel und Flugschriften sich neben einander fortbewegen. Sobald aber die Gedanken einen wirklichen Körper in der Staatsgesetzgebung erhalten, so kommt der Widerspruch zum Vorschein, daß jede Gesellschaftsgruppe als solche nur neue Rechte beansprucht, nicht aber diejenigen Lasten und diejenige persönliche Arbeit und Verantwortlichkeit, ohne welche ein Fortschritt in staatlichen Dingen nicht zu machen ist.

Diese Unklarheit durchkreuzt sich mit der allgemeinen Unklarheit über das Verhältniß zwischen Gesetz und Regulativ. Unsere nationale Grundrichtung geht (am meisten in den Gebieten der Kirche und der Schule) zunächst von allgemein menschlichen Grundideen aus, welche sich nur langsam zur Umgestaltung der äußeren Einrichtungen, und noch langsamer zu legislatorischen Grundsätzen consolidiren. Der Gang unserer Reformation kehrt bis zu einem gewissen Maße in unseren Schulfragen wieder, von denen ein neuerer Darsteller nicht ohne Grund behauptet hat: unsere pädagogische Litteratur seit dem 18. Jahrhundert sei unsere wahre Schulgesetzgebung gewesen. Diese Grundrichtung des deutschen Idealismus zieht den Gesammtstreit über Lehrmethode, Schulpläne und Ausbildung des Lehrerpersonals in die Berathungen über ein Schulgesetz. In den gesetzgebenden Versammlungen verhandeln Geistliche und Schulmänner ihre Beschwerden und ihre Ideen über die Schul-Regulative in umfassenden Vorträgen, unter lebhafter Betheiligung gebildeter Hausväter, welche auch ein Urtheil über Jugenderziehung beanspruchen. Es ist nicht leicht, aus einem so allgemeinen Gedankengange zur Sache, das heißt zu den Fragen zu kommen, welche überhaupt Gegenstand eines preußischen Schulgesetzes sein können.

So schwer indessen alle diese Umstände den Beruf des Gesetzgebers machen, so sind sie doch zu überwinden, so lange die Gesellschaft nicht in die selbstgefällige Eitelkeit verfallen ist, welche mit ihrem mangelnden Verständniß und ihrem mangelnden Pflichtgefühl für den Staat gerade „auf der Höhe der Zeit" zu stehen vermeint. Unheilbar werden die Zustände erst, wenn ein nationaler Egoismus wissentlich und willentlich den Staat immer den nächsten gesellschaftlichen Interessen unterordnen will, wenn er den aus mangelhaftem Verständniß und Pflichtgefühl hervorgegangenen politischen Indifferentismus für den Höhepunkt der „Civilisation“ zu halten anfängt. Unsere Nation hat sich von einer solchen Selbstüberhebung der Gesellschaft freier erhalten. Gewissenhafter und wahrheitsliebender haben unsere politischen Parteien (abgesehen von den nicht maßgebenden Extremen) den Staat noch nicht als „überwundenen Standpunkt“ bei Seite geschoben. Unsere Staatsgewalt hat auch bereits im XVIII. Jahrhundert so gearbeitet, um den Bruch zwischen den Staatsformen und der modernen Gesellschaft zu keinem unheilbaren zu machen. Unverkennbar arbeiten sich daher unsere socialen Widersprüche, zwar langsam, aber stetig zu dem Verständniß der überkommenen Staatseinrichtungen hindurch, und damit zur Möglichkeit einer wirklichen Fortbildung. Der Gährungsprozeß der Ideen von 1848 hat sich auf diesem Gebiet zu dem stillen Anerkenntniß geklärt, daß ein geordnetes Schulwesen in unserem Lande bereits besteht, an welches jede neue Gesetzgebung unmittelbar anzuknüpfen hat. Auch negativ ist die Einsicht fortgeschritten, daß Studienpläne und innere Schuleinrichtungen nicht Gegenstand der Gesetze sein können, sondern daß die zusammenhängenden Einrichtungen des Schulwesens von unten herauf den inneren Geist der Verwaltung erzeugen und erhalten müssen, der sich in Gesetzesparagraphen nicht formuliren läßt. Schon die 24 Resolutionen der Unterrichtscommission und des Abgeordnetenhauses vom 24. August 1862 und 23. März 1863 beurkunden einen bedeutungsvollen Fortschritt zu den wirklichen Einrichtungen des Staats. Am 6. April 1865 hat sich das Haus sogar entschlossen, die Reformpläne auf die Forderung der „Schuldotation“ zu beschränken, und damit den Lebenspunkt der Frage zu treffen. Jeder so gemachte Fortschritt ist unwiderruflich, und selbst die scheinbare Unthätigkeit der Unterrichtscommission in der Wintersession von 1868-9 hatte ihren nächsten Grund nur in einer neuen Stellung der Parteien. Im Gange der Commissionsberathungen zeigte sich die überraschende Erscheinung, daß eine Verbesserung des Volksschulwesens nicht mehr blos als ein „liberales“, sondern auch als ein „conservatives“ Interesse erschien. Die veränderte Lage der deutschen Frage und der allgemeinen Politik hat die älteren Fractionsstellungen so verschoben, daß die hergebrachten Programme und Schlagworte nicht mehr ausreichen. In jenen Verschiebungen eben liegt ein Fortschritt, der aus dem Bereich gesellschaftlicher Streitpunkte und Antipathien zu wirklichen Grundsätzen der Gesetzgebung, fortrückt. So sehr der Zeitverlust zu beklagen ist, welcher in einer mit großen Erwartungen begonnenen Session wieder nur allgemeine „Resolutionen" gebracht hat, so wolle man den Inhalt der jetzt in den Vordergrund getretenen Streitpunkte nicht übersehen. Mit der Frage: ob kirchliche oder Staats- und Communal-schule, ob Schulgeld oder Steuer, ist der Streit auf den Punkt gerückt, auf den es wirklich ankommt. Mit den so gestellten Fragen muß der Gesetzentwurf in nächster Session zu sachlichen Beschließungen weiter rücken.

Die zweite Schwierigkeit jeder Schulreform liegt in dem tiefverflochtenen Verhältniß der Schule zur Kirche, welches von unten herauf die Aemter der Elementarschule zum Theil mit kirchlichen Aemtern verbunden und das untere Lehrpersonal unter die unmittelbare Inspection der Pfarrgeistlichkeit gesetzt hat.

Eine grundsätzliche Regelung dieses Verhältnisses war der Preußische Staat schon im achtzehnten Jahrhundert zu suchen gezwungen, und der Absolutismus besaß noch die Kraft, die Lösung im Widerspruch mit allen nächsten Interessen zu finden in den großen Principien vom Schulzwang, von der kirchlichen Parität und von der communalen Schullast. Der Zwiespalt der anerkannten Kirchen ergab die Unmöglichkeit, die preußische Staatsbildung nach dem Muster anderer europäischer Staaten mit einer regierenden Kirche im Gemenge zu belassen. Andererseits bedingte die Untrennbarkeit des religiösen und des wissenschaftlichen Unterrichts, des Lehr- und des Erziehungszwecks der Volksschule, eine neuzusammengesetzte Bildung, welche (1) den mittelalterlichen Lehrzwang der Kirche, unter Wahrung der Glaubensfreiheit, in einen Schulzwang verwandelt, (2) die kirchliche Lehre, und ergänzend auch das kirchliche Personal, in die Schule aufnimmt, aber (3) die kirchliche Regierung und das kirchliche Entscheidungsrecht (jurisdictio) aus der Schule entfernt, weil mehre einander bekämpfende kirchliche Gewalten in dem Werk der Jugenderziehung neben einander keinen Platz haben. — Nach diesen Gesichtspunkten vereinigt sich der confessionelle Unterricht der Religion mit dem nicht confessionellen Unterricht der Wissenschaft in einem besonders gebildeten Lehrpersonal unter einer in diesem Sinne gehandhabten Leitung des Staats.

Unter der Regierung König Friedrich Wilhelms III. ist dieses System durch mühevolle Arbeit des Beamten- und des Lehrpersonals zu einer achtunggebietenden Einheit, zu einer in Europa jetzt anerkannten Geltung gelangt. Dem Grundsystem dieses Schulwesens ist die unwillkürliche Huldigung der Zeit dargebracht, indem auch die widersprechendsten socialen Vorstellungen des Jahres 1848 zu keinen anderen Verfassungsartikeln zu gelangen vermochten als zu denselben Sätzen, welche zwei Menschenalter früher der Großkanzler v. Carmer eigenhändig entworfen und mit seinem Suarez durchgearbeitet hatte. Es war nicht leicht, für die in den constitutionellen Staat eintretende Gesellschaft, ein so tief durchdachtes System zu würdigen und über ihre nächsten Interessen und confessionellen Antipathien hinaus den mühsam errungenen Standpunkt zu behaupten. Um so anerkennenswerther ist es, daß die unsere Verfassungs-Urkunde begleitenden Parteikämpfe der deutschen Schule ihren eigenen Grund und Boden gewahrt, und dennoch dem Religionsunterricht seine integrirende Stellung als harmonischen Theil der Jugenderziehung erhalten haben.

Auf diesem Gebiete hat sich augenblicklich das Verhältniß zwischen Staatsverwaltung und öffentlicher Meinung geradezu umgekehrt. Hier war es die Staatsverwaltung, welche seit dem Regierungsantritt Friedrich Wilhelms IV. die Stellung von Staat und Kirche in Verwirrung brachte durch ein System sogenannter „confessioneller Schulen", welches ebenso sehr dem Worte wie der Sache nach der bestehenden Gesetzgebung, dem Beruf und Wesen unseres Staats widerstreitet. Wenn mehre Menschenalter hindurch unsere Staatsgesetzgebung der Gesellschaft vorangeeilt ist, so wird sich jetzt das Verhältniß umkehren. Das Gesammtbewußtsein der deutschen Nation wird die Staatsverwaltung zu ihrem staatlichen Beruf und auf den Boden einer gesetzmäßigen Verwaltung zurückführen, welcher in Preußen durch den Mangel aller Rechtscontrolle verloren gegangen ist. Wie schwer auch einer sich neubildenden Gesellschaft das Verständniß einer „Regierung nach Gesetzen" wird, wie ungünstig die gewohnte Arbeitstheilung unseres Beamtenthums aller Rechtssprechung über öffentliches Recht noch immer bleibt, so giebt doch der deutsche Idealismus in seinem Sinn für Wahrheit und Recht, in seiner Innerlichkeit für alle Fragen der Religion und der Schule, und nach allen gemachten Erfahrungen über die Schutzlosigkeit unseres öffentlichen Rechts während der sogenannten Conflictszeit, die Gewähr, daß diese über den zeitigen Parteistandpunkten liegende Frage zum sachlichen Austrag kommen wird. Es bedarf für dies Gebiet des Streits zur Zeit keiner neuen Gesetzgebung, sondern nur eines Fortschritts in dem Sinne und Verständniß unserer längst vorhandenen Gesetze, und des ernsten Willens danach zu verfahren. Die gleichzeitig erschienene Schrift (Gneist, die confessionelle Schule, Berlin, 1869) hofft in dieser Richtung fördernd zu wirken.

So bleibt das dritte Hinderniß der Verbesserung übrig: Die Beschaffung des Geldbedürfnisses der Volksschulen.

In dem Zeitraum der größten äußeren und inneren Noth hat Preußen seit 1808 die Mittel gefunden, neue Universitäten zu stiften und mehr daran zu wenden als jemals in früheren Zeiten von Staatswegen an Unterricht gewandt worden ist. Es war das Bewußtsein, daß unsere harte Einseitigkeit in der militärischen Seite der Staatsverfassung ihre Ergänzung und Ausgleichung finden müsse in der gleichzeitigen Pflege der Werke des Friedens, in der geistigen Gesammtentwickelung, welche allein den idealistischen Grundzug der Nation mit den rauhen Zumuthungen dieses Staatswesens zu versöhnen vermag. Seit dieser Verjüngung des Staats ist auch ferner noch Namhaftes geschehen für die Hebung der Universitäten und der gelehrten Schulen, auf welche die Staatsverwaltung schon für den Zweck der Erziehung eines intelligenten Beamtenstandes Bedacht nehmen mußte. Das Interesse der Beamtenklasse traf darin mit dem der höheren Klassen überhaupt im Ganzen zusammen.

Dagegen zeigte der Verlauf der Behandlung der Volksschule einen Mangel an ausdauerndem Willen in dem Maß, daß aller Anläufe ungeachtet, die öconomische Grundlage der Elementarschule über den Standpunkt von 1794 nicht hinausgekommen ist. Die Schuld dieser Verschleppungen mochte man einst dem absoluten Staat zur Last legen: seit zwei Jahrzehnten jedenfalls theilen die Kammern diesen Vorwurf mit dem Beamtenstaat. Seit 1848 haben die verschiedenen politischen Parteien kein Bedenken getragen, mit weitgehenden Theorien Staat und Kirche umgestalten zu wollen: aber auch die radicalsten Seiten sind nicht zu einem lebensfähigen Plane gelangt, der Volksschule dauernde und nachhaltige Quellen des Einkommens zu schaffen. Im Hintergrund dieser Entschlußlosigkeit liegt aber eine Trägheit im Denken und im Handeln, deren weiterer Hintergrund der Mangel an ernstem Willen ist. Das Philosophiren über Trennung von Kirche und Schule, Staat und Schule, Staat und Kirche, confessionelle und confessionslose Schulen ist dem wirklichen Bedürfniß gegenüber nur eine andere Form des Nichtsthuns. Das, was bisher für die äußere Lage der Schullehrer geschehen, ist durch die Behörden in den einzelnen Regierungsbezirken, also durch die „Büreaukratie“ und auf den allerspecifischsten Wegen der Büreaukratie geschehen. Nächstdem haben nur die größeren Städte vom Standpunkt des eigenen Interesses aus Verbesserungen, zum Theil mit nicht geringen Opfern, zu Stande gebracht. Einen völligen Mangel an Entwickelungsfähigkeit aus sich selbst heraus haben dagegen die Landgemeindeverfassungen und die darauf basirten Kreis- und Provinzialstände gezeigt, und vorzugsweise die Auffassungen dieser

Kreise haben bisher in den Commissionsverhandlungen der Kammern ihren Ausdruck gefunden.

Ist jetzt eine Zeit der Klärung und Sammlung für das innere Staatsleben wirklich gekommen, so wird vor Allem die Selbsttäuschung und die Phrase abzustreifen, und das schwere Werk mit dem Geständniß zu beginnen sein, daß unsere „öffentliche Meinung" sehr wenig für die Volksschule gethan hat, trotz vieler und heftiger Worte, welche darüber gewechselt worden sind. Es giebt nur eine Probe für den ernsten Willen, der Volksschule zu helfen: diese Probe liegt in dem Entschluß Geld für die Volksschule zu schaffen.

II.

Das Geldbedürfniß der preußischen Volksschule.

Der deutsche Idealismus, welcher über so manche Verirrungen der Socialphilosophie unserer Nachbarn hinweggeholfen, hat leider auch die Neigung, Staat und Kirche nach kühnsten Plänen zu reformiren, und dabei stets den „Kostenpunkt" für unerheblich zu halten. Es mag dabei etwas altgermanische Gewohnheit sein. Vorzugsweise ist es aber ein Erbstück des Absolutismus, jene Entwöhnung des Volks vom Selbstschaffen und Arbeiten im öffentlichen Leben, welche die Einsicht in das Verhältniß von Mittel und Zweck trübt, und auch das Unterrichtswesen ohne genügende Rücksicht auf die Geldmittel behandelt.

Alle Begeisterung für das Wohl der Mitmenschen, insbesondere für Kirche und Schule, ist aber inhaltslos und unfruchtbar, wenn sie nicht für den Lebensunterhalt des dem idealen Zweck geweihten Standes Fürsorge zu tragen vermag. Es ist das ein Maßstab, an welchem sich Völker und Zeiten, Stände und Parteien messen lassen müssen. Das Mittelalter hat einst dem Grundbesitz den Zehnten für die Kirche abzugewinnen vermocht: in Vergleichung damit müßte man eine Sammlung von landständischen Reden bringen, wenn heute etwa die Zumuthung gestellt wird, $^3/_4$ Procent des jährlichen Grundeinkommens dem Elementarunterricht zu widmen.

Der Absolutismus hat wenigstens die Volksschule aus der Verwahrlosung gehoben, in welcher sie sich unter der Regierung der Kirche befand. Er hat Schulhäuser, Lehrerwohnungen und Lehrerunterhalt mit den gewöhnlichen Zwangsmaßregeln der Verwaltung auf einen knapp bemessenen, aber einigermaßen gleichmäßigen Fuß erhoben. Es fragt sich, was hat der constitutionelle Staat dafür bis heute gethan?

Es bedarf dafür zunächst einiger statistischen Grundlagen.

Die ältere preußische Statistik hatte das Volksschulwesen unter den allgemeinen Aufnahmen der Volkszählung einbegriffen. Erst seit 1822 beginnen die besonderen „Kirchen- und Schultabellen", deren Hauptresultate neuerdings in der Zeitschrift des statistischen Büreaus, Jahrg. 1869, S. 98—116, tabellarisch zusammengestellt sind, und in Zwischenräumen von 9 zu 9 Jahren folgende Hauptresultate ergeben:

	1822	1831	1840	1849	1858
Bevölkerung . . .	11,664,133.	13,038,960	14,928,501,	16.331,187.	17,739,913.
Element.-Schulen	20,440.	21,786.	23,323.	24,201.	24,923.
Lehrer	20,545	22,211	24,328	26,249	28,369
Hülfslehrer . . .	1,231	2,014	2,620	2,744	2,637
Lehrerinnen . . .	454	694	1,559	1,872	2,426
Knaben	743,207	987,475	1,138,288	1,244,401	1,376,278
Mädchen	683,838	930 459	1,090,951	1,208,661	1,342,794
Mittelschulen . .	710	823	685	756	608
Lehrer	1,341	1,710	1,388	1,703	1,763
Hülfslehrer . . .	387	831	634	693	295
Lehrerinnen . .	166	289	569	752	545
Knaben	47,598	56,889	41,443	49,747	46,982
Mädchen	34,194	46,598	44,102	53,570	49,157.

(Es sind bei dieser Aufzählung unter den „Mittelschulen" die mehrklassigen städtischen Schulen begriffen, welche dem Lehrplane nach den Charakter der Elementarschule festhalten und deshalb mitzuzählen sind.)

Vom Jahre 1859 an ist aus dem Departement der Unterrichtsverwaltung eine Statistik der Volksschule mit Einschluß der Mittelschulen hervorgegangen, deren Resultate seitdem von drei zu drei Jahren veröffentlicht werden. Mittels Denkschrift v. 1. Aug. 1864 sind zunächst die 3 Jahre 1859, 1860, 1861 veröffentlicht, welche für das Ende des Jahres 1861 folgende Hauptdaten ergeben:

Die Zahl der schulpflichtigten Kinder betrug 3,090,294, d. h. nahezu 17 proc. einer Bevölkerung von 18,476,500 Seelen.

Die Zahl der schulbesuchenden Kinder betrug in den öffentlichen Elementarschulen 1,775,888 evangelische, 1,063,805 katholische, 30,053 jüdische, 6090 dissidentische Kinder, — zusammen in den Städten 771,217, auf dem Lande 2,104,619, — insgesammt 2,875,836 Schulkinder. (Dazu 84,021 Kinder in Privatschulen, 74,142 in den Städten, 9879 auf dem Lande.)

Die Zahl der öffentlichen Elementarschulen war Ende 1861: 24,763, mit 36,783 Klassen, 33,716 Lehrern, 1755 Lehrerinnen, — darunter 2935 städtische Elementarschulen mit 10,290 Klassen, 21,828 Landschulen mit 26,493 Klassen.

Die Kosten der Elementarschule bildeten folgende 3 Posten:

1. Besoldungen der Lehrer und Lehrerinnen 7,449,224 Thlr., und zwar in den Städten 2,876,196 Thlr., auf dem Lande 4,573,028 Thlr. An Gehaltsverbesserungen waren im Laufe der obigen drei Jahre flüssig gemacht 345,036 Thlr., darunter 25,587 aus Staatsfonds. Das Durchschnittsgehalt wird in Berlin auf 413 Thlr., in den Städten überhaupt auf 281 Thlr., auf dem Lande zu 181 Thlr. berechnet.

2. Für Schulbedürfnisse, d. h. Localmiethe, Brennmaterial, Hülfslehrer, Schulutensilien, Lehrapparate, Bücher, Leistungen an emeriti, auf drei Jahre = 2,455,254 Thlr., d. h. jährlich 818,418 Thlr.

3. Schulbauten in jährlichem Durchschnitt = 1,635,054 Thlr. oder auf 3 Jahre = 4,905,163 Thlr., darunter 331,890 aus Staatsfonds.

Gesammtbedarf = 9,902,696 Thlr., darunter aus Staatsfonds 438,928 Thlr.

Von den Lehrerbesoldungen wurden aufgebracht:

a) durch Schulgeld 2,320,968 Thlr. = 31,16 pCt.
b) durch Gemeindeleistungen 4,799,958 Thlr. = 64,44 pCt.
c) aus Staatsfonds 328,298 Thlr. = 4,40 pCt.

Die nächste Parallele ergiebt die mittelst Denkschrift vom 1. Sept. 1867 veröffentlichte Schul-Statistik für die drei folgenden Jahre 1862, 1863, 1864, mit folgenden Hauptdaten für Ende 1864.*)

Die Zahl der schulpflichtigen Kinder wird berechnet zu 3,457,301 (die Schulpflicht ohne Unterschied der Landestheile schon vom vollendeten 5. Jahre an gerechnet) d. h. nahezu 18% einer Bevölkerung von 19,226,270.

---

*) Der Zeit nach fallen mit diesen Erhebungen ungefähr zusammen die Kirchen- und Schultabellen des statistischen Bureaus nach der Volkszählung am Schluß des Jahres 1864, welche aber zum Theil nach einem andern System angelegt, Abweichungen ergeben, welche bisher noch nicht genügend aufgeklärt sind. Die Zahl der Elementarschulen wird auf 25,056 angegeben, die Zahl der festangestellten Lehrer auf 30,805, der Hülfslehrer auf 2537, der Lehrerinnen auf 2815, die Zahl der schulbesuchenden Knaben auf 1,427,191, der Mädchen auf 1,398,131. Es müssen diesen Zahlen ferner die „Mittelschulen" hinzugefügt werden, welche (zusammengezählt für Söhne und Töchter) 510 Schulen, 1797 festangestellte Lehrer, und Lehrerinnen, 388 Hülfslehrer und Hülfslehrerinnen, 91,052 Schüler und Schülerinnen einbegriffen. In runden Zahlen umfaßte also der öffentliche Volksunterricht 25,600 Schulanstalten, 39,000 Lehrer, 3,000,000 schulbesuchende Kinder.

Die Zahl der schulbesuchenden Kinder in den öffentlichen Elementarschulen betrug 1,812,636 evangelische, 1,086,345 katholische, 33,688 jüdische, 6,010 dissidentische Kinder, zusammen in den Städten 806,922, auf dem Lande 2,131,757, — insgesammt 2,938,679 Schulkinder. (Dazu 88,064 Kinder in Privatschulen, 75,358 in den Städten, 12,706 auf dem Lande).

Die Zahl der öffentlichen Elementarschulen war: 25,120 mit 38,053 Klassen, 34,803 Lehrern, 2016 Lehrerinnen, — darunter 3149 städtische Elementarschulen mit 11,382 Klassen, 21,971 Landschulen mit 26,670 Klassen.

Die Kosten der Elementarschulen betrugen:

1. Besoldungen der Lehrer und Lehrerinnen = 8,042,237 Thlr., und zwar in den Städten 3,265,383 Thlr., auf dem Lande 4,776,854 Thlr. An Gehaltsverbesserungen waren im Laufe der obigen drei Jahre flüssig gemacht 328,676 Thlr., darunter 19,822 Thlr. aus Staatsfonds. Das Durchschnittsgehalt wird in Berlin auf 515 Thlr., in den Städten überhaupt auf 294 Thlr., auf dem Lande zu 185 Thlr. berechnet.*)

2. Schulbedürfnisse auf drei Jahre = 3,162,256 Thlr., d. h. jährlich 1,054,085 Thlr.

3. Schulbauten im jährlichen Durchschnitt = 1,814,762 Thlr. oder auf drei Jahre = 5,444,287 Thlr., darunter 260,817 Thlr. aus Staatsfonds.

Gesammtbedarf = 10,911,085 Thlr., darunter aus Staatsfonds 382,543 Thlr. Die engere Gruppe der Besoldungen wurde aufgebracht:

	Städt. Schulen	Landschulen	Summe:
aus Schulgeldern . . . (31,2 %)	1,161,879 Thlr.	1,354,802 Thlr.	2,516,681 Thlr.
aus Gemeindeleistungen (65,1 %)	2,000,333 „	3,229,619 „	5,229,952 „
aus Staatsfonds . . . . (3,7 %)	103,171 „	192,433 „	295,604 „ **)

*) Für die Pensionirung der Elementarlehrer fehlt es bisher an einer gesetzlich geregelten Einrichtung und an besonderen Fonds. In einigen Regierungsbezirken bestehen Departementale Pensionskassen durch Lehrerbeiträge. In der Mehrzahl der Bezirke erhalten die emeritirten Lehrer eine Abfindung aus dem Einkommen der Stelle selbst oder aus Zusatzleistungen der Verpflichteten. In einigen Städten sind die Lehrer verpflichtet, der besonderen Pensionskasse für die städtischen Beamten mit ansehnlichen Jahresbeiträgen hinzuzutreten. — Besondere Wittwen- und Waisen-Unterstützungs-Kassen sind in den verschiedenen Regierungsbezirken hauptsächlich durch Beiträge der Interessenten gebildet, welche i. J. 1864 an Vermögen = 1,909,574 Thlr., an Jahreseinnahmen = 162,293 Thlr. besaßen.

**) Zur Vervollständigung der Staatsbeiträge gehören noch die Kosten der Seminarien, welche für die 3 Jahre 1862, 1863, 1864 auf durchschnittlich 273,606 Thlr.

Von den Gesammtkosten von etwa $3^5/_6$ Thlr. per Schulkind werden etwa 25 Sgr. durch Schulgeld, etwa 3 Thlr. per Kopf durch Stiftungen, Schulsocietäten, Gemeinden und Staatszuschüsse gedeckt. Die Gesammtkosten eines Schulkindes berechnen sich in den Städten auf gegen 6 Thlr., auf dem Lande zu durchschnittlich 3 Thlr.

Im Verlauf der Darstellung werden die rechtlichen und thatsächlichen Umstände hervortreten, welche ein durchgreifendes Schulgesetz zunächst für die acht alten Provinzen des Staats bedingen, neben welchem parallelgehende Specialgesetze für die neuen Provinzen zu erlassen sein werden. Es können daher die deutschen Territorialänderungen des Jahres 1866 außer Betracht bleiben, durch welche beispielsweise noch 6740 fest angestellte Lehrer der preußischen Volksschulverwaltung hinzugetreten sind. Die Schulstatistik dieser neuen Provinzen ist zum Theil sorgfältig verarbeitet, aber noch nicht veröffentlicht, und auch nach verschiedenen Systemen bearbeitet, so daß durch eine bruchstückweise Einfügung jeder Anhalt in Zahlen verloren gehen würde. Die rasche Zunahme des Bedürfnisses macht ohnehin auch die vorhandenen sicheren Zahlen fast nur zu Verhältnißzahlen.

Für die Bewegung der Verhältnißzahlen mag die Wiederholung folgender Ansätze genügen:

	Ende 1861.		Ende 1864.	
Bevölkerung	18,476,500		19,226,270	
Schulbesuchende Kinder	2,875,836		2,938,679	
Elementarschulen	24,763		25,120	
Klassen	36,783		38,053	
Lehrer	33,716		34,803	
Lehrerinnen	1,577		2,016	
Lehrerbesoldungen . . .	7,449,224	Thlr.	8,042,237	Thlr.
Schulbedürfnisse	818,418	„	1,054,085	„
Schulbauten	1,653,054	„	1,814,762	„
Gesammtkosten	9,902,696	„	10,911,085	„
Staatszuschuß	438,928	„	382,543	„

Die rasche Bewegung der Verhältnißzahl ergiebt, daß das Lehr- und Geldbedürfniß die Zunahme der Bevölkerung (jährlich etwa $1^1/_4$%), weit überholt.

---

angegeben werden, darunter 92,876 Thlr. aus eigenen Einnahmen. Sodann die Kosten der Taubstummen- und Blindenanstalten, zu welchen der Staat nach dreijährigem Durchschnitt 13,510 Thlr. beitrug. Sodann die Kosten der höheren Schulverwaltung, unter welchen die Gehalte der Regierungsschulräthe nach dem Durchschnitt der gedachten drei Jahre auf 66,114 Thlr. angegeben werden. Auch diese Kosten sind in verhältnißmäßiger Steigerung begriffen.

Um für die nächstfolgenden Erörterungen einen Anhalt in runden Zahlen zu haben, mag die Zahl der Städte oder städtischen Schulgemeinden auf 1000, die Zahl der Landschulgemeinden auf 22,000, das Lehrpersonal auf 40,000, die Schülerzahl auf 3,000,000 angenommen werden.

Die hervorragendste Position bilden die Lehrergehalte, für welche die 1867 veröffentlichten statistischen Nachrichten mit Weglassung Berlins (S. 76—83) folgende Abstufungen geben:

	Gehaltsstufen.		städtische Stellen	Landstellen	Zusammen
1)	50—100	Thlr.	148	1778	1926
2)	100—125	„	200	3473	3673
3)	125—150	„	310	4378	4688
4)	150—180	„	853	5683	6536
5)	180—200	„	1109	2645	3754
6)	200—250	„	2425	3772	6197
7)	250—300	„	1816	1929	3745
8)	300—350	„	1225	1031	2256
9)	350—400	„	895	520	1415
10)	400—500	„	875	413	1288
11)	500—600	„	369	126	495
12)	600—1000	u. m.	272	49	321.

Die seit 1848 stetig erhobenen Klagen über den unzureichenden Unterhalt des Lehrpersonals haben allerdings zu allmäligen Erhöhungen des Amtseinkommens geführt, — theils durch Erhöhung der Schulgelder, theils durch erhöhte Zuschüsse der Communen, theils durch Zuschüsse aus Staatsfonds, welche in einzelnen Jahren mehr als 100,000 Thlr. betragen haben. — In dem Immediatbericht des Unterrichtsministers vom 21. Juni 1869 wird die Gesammtverbesserung aller Besoldungen in dem Zeitraum von 1852-1866 auf 980,346 Thlr., die weitere Erhöhung der Gehalte bis zum 1. Jan. 1869 auf 595,000 Thlr. angegeben; mit dem Zugeständniß, daß diese Summe noch immer hinter demjenigen zurückbleibe, was erforderlich, um überall den Lehrern „nach dem Maaß bescheidner Ansprüche eine nach Zeit, Ort und Amtsstellung genügende Besoldung" zu sichern. — Das relative Maß der Bedürfnisse hat sich aber in den letzten zwei Jahrzehnten so gesteigert, der Geldwerth so vermindert, daß eine durchschnittliche Erhöhung der Lehrergehalte um 12½%, ja selbst um 25%, nicht mehr enthält, als die Fortsetzung des Status quo. Man mag die Mehrzahl der Stellen, welche über dem Durchschnitt von 294 Thlr. für die städtischen Schulen, von 185 Thlr. für die ländlichen Schulen stehen, als ausreichend besoldet ansehen; ebenso sicher wird die Mehrzahl der unter dem Mittelsatz stehenden Stellen als knapp, dürftig, ungenügend ausgestattet angesehen werden müssen.

Die Staatsverwaltung selbst verhehlt sich nicht*), daß die bisherige Methode einer sporadischen Erhöhung der Schulgelder und der Communalzuschüsse durch das Medium von Regierungskommissaren und Regierungsresoluten eben nur Palliative sind, durch welche sich schreiende Mißstände und Ungleichheiten beseitigen, durch welche sich aber der öconomische Gesammtzustand der Volksschule nicht umwandeln läßt. Wie das Gesammtresultat dieser seit zwei Jahrzehnten fortgesetzten Proceduren höchstens die durchschnittliche Erhaltung des status quo gewesen ist, so werden auch in Zukunft die Verwaltungsmaßregeln in keinem Falle mehr erreichen als nothdürftige Erhaltung.

Ist es der Staatsregierung und den Parteien Ernst damit, daß etwas Nachhaltiges für die Verbesserung geschehe, so muß an eine nennenswerthe Erhöhung der Lehrergehalte gedacht werden, die mehr enthält als eine bloße Nachholung der durch den veränderten Geldwerth bedingten Zahlen. Um dem Ziele näher zu rücken, nennen wir eine bestimmte Zahl: die durchschnittliche Erhöhung der Lehrergehalte um 50 Thlr., für die Stelle wäre eine nennenswerthe Verbesserung, welche nach dem vorhandenen Bedürfniß, also ungleich vertheilt, die Lage der Lehrer verbessern, die Bewerbung um Lehrerstellen wiederbeleben, den Eifer des Lehrpersonals ermuntern würde.

Dazu kommt die einer Krisis entgegengehende Lage der Schulgelder. Mit der Publication des Allgemeinen Landrechts war der Grundsatz der Unentgeltlichkeit des Volksunterrichts als normaler

---

*) Ueber das Maß des Bedürfnisses im Allgemeinen sagen die Motive des Regierungsentwurfs vom 2. Nov. 1868 S. 23 Folgendes: „Es sind vor Allem bei Weitem mehr materielle Mittel nöthig, als jetzt dafür in Anspruch gnommen und verwendet werden. Namentlich sind die Lehrerbesoldungen nicht blos in den einzelnen Fällen besonders hervortretender Noth bis zu einer knapp bemessenen Auskömmlichkeit für die allerdringendsten Lebensbedürfnisse zu verbessern, sondern überhaupt mehr und mehr mit den Anforderungen der Zeit und den billigen Ansprüchen eines jetzt größere Vorbildung erfordernden und schwierigeren Aufgaben gegenüberstehenden Berufes in Einklang zu setzen, für welchen sich sonst um so weniger Lust zeigt, je bessere Aussichten und verhältnißmäßig geringere Anforderungen in anderen Berufszweigen gemacht werden. Es ist deshalb eine unabweisliche und dringende Aufgabe, die Verbesserung aller noch unzulänglichen Lehrerbesoldungen nach dem Maßstabe der gegenwärtigen Verhältnisse und das denselben Angemessenen so zur Ausführung zu bringen, daß die durch zu wenig günstige Aussichten niedergehaltene Lust zum Eintritt in den Lehrerberuf wieder in vollem, dem Bedürfniß genügendem Umfange erwacht, weil sonst der schon beginnende und nothwendig in schneller Progression wachsende Lehrermangel bald einen gefährlichen Grad erreichen, eine Schädigung der allgemeinen Volksbildung herbeiführen und später zu um so größeren Aufwendungen nöthigen würde."

Grundsatz (A. L.-R. II, 12. § 32), angenommen. Die preußischen Verfassungs-Urkunden v. 5. Dezember 1848 und 5. Januar 1850 haben den Grundsatz noch einmal proclamirt, und ein neuerlicher Beschluß des Abgeordnetenhauses hat eine Abänderung des Verfassungsgrundsatzes nochmals abgelehnt. Es ist darauf unten ausführlich zurückzukommen.

Die unmittelbare Aufgabe der Gesetzgebung wäre danach die Beschaffung von 2 Millionen Thalern für Lehrerbesoldungen, und mehr als 2 Millionen Thalern als Ersatz der Schulgelder. Fügen wir noch hinzu, daß der obige Maßstab der Gehaltsverbesserung immer noch knapp gehalten ist, daß die Anforderungen an Schullocale, Lehrerwohnungen, Lehrmittel in gleichem Maße steigen, und daß die schnell wachsende Bevölkerung alle diese Summen überholt, so läßt sich die Forderung nüchtern nur dahin formuliren: das neue Schulgesetz muß unmittelbar für einen jährlichen Mehrbedarf von 4 bis 6 Millionen Thalern und dann für weitere Erhöhung sorgen.

Philosophirt und resolvirt ist seit zwei Jahrzehnten über die Reform des preußischen Schulwesens zur Genüge. Wer fortan Vorschläge zu machen hat, soll sagen, wie er jährlich 4 bis 6 Millionen Thaler aufzubringen gedenkt?

Um dabei zur Sache zu kommen, wird es sich empfehlen, zunächst diejenigen gesellschaftlichen Ideen auszuscheiden, welche an die wirklichen Staatseinrichtungen gar nicht heranreichen. Es sind dies die beiden Extreme nach links und nach rechts, welche von der einen Seite die ganze Unterhaltung der Volksschule kurzweg dem „Staat" auferlegen, von der anderen Seite die Volksschule auf das System der „freiwilligen" Leistungen stellen möchten.

Die allgemeine Idee, die Volksschule dem „Staate" zur Last zu legen, spielte eine gewisse Rolle in der aufgeregten Stimmung des Jahres 1848, in welchem sie jedoch schon von der Commission der preußischen Nationalversammlung in anerkennenswerther Weise bekämpft und abgewehrt wurde. Wenn der Gedanke daran sporadisch immer noch auftaucht, so ist diese allgemeine Verweisung auf den „Staat" eben nur eine Form des Nichtsthuens für die Volksschule. Die Geldmittel, welche man im Einzelnen nicht aufbringen kann und will, sollen dann irgend wie oder irgend wo im Staatsbudget sich finden. Die Herabsetzung des Militairetats, an welche zunächst gedacht wird, hängt überhaupt nicht mehr von den einzelnen Landesvertretungen ab. Die sonstigen Bedürfnisse des Staats aber liegen so, daß Alle, welche eine

Verminderung der Gesammtausgabe verlangen, stets die Erhöhung einzelner Hauptposten der Ausgabe fordern. Es fehlt dem herkömmlichen Reden über die Verminderung der Staatsausgaben im Allgemeinen und über die Nothwendigkeit ihrer Erhöhung im Einzelnen, leider das Gefühl der Verantwortlichkeit für die bestehenden Staatseinrichtungen, welches sich erst in sehr durchgebildeten Parteien findet. In jedem Falle zeigt der erste Blick auf die europäischen Staatsausgaben, daß alles Ankämpfen gegen die wachsenden Bedürfnisse des Gemeinwesens erfolglos bleibt, daß alle Staats- und Stadtbudgets im Wachsen begriffen sind. Wer also die erhöhten Bedürfnisse der Volksschule auf den „Staat" abwälzen will, projektirt damit eine neue Staatssteuer und eine neue Ausdehnung der Staatsverwaltung. Die unmittelbar aus Staatsgeldern bestrittene Volksschule müßte in einer büreaukratischen Weise centralisirt werden, die alles bisher Geleistete übertreffen würde. Alle Erfahrungen unseres Volksschulwesens weisen dagegen auf Decentralisation hin, als eines der bedeutendsten Momente lokaler Selbständigkeit. Es wird eines Staatsbudgets, künftig wie jetzt, bedürfen zur Handhabung des staatlichen Aufsichtsrechts und zur Erhaltung der Schullehrer-Seminare, wahrscheinlich auch einer starken Staatsbeihülfe für das gesammte Pensionssystem. Die actuelle Erhaltung der Volksschule aber kann und soll von den localen Verbänden getragen werden, so daß nach dem Grundsatz des Selfgovernment der kleine lebensunfähige Gemeindeverband durch den größeren lebensfähigen Communalverband ersetzt wird. Dies ist die nächste practische Aufgabe unserer Gesetzgebung über die Volksschule, die einzige Aufgabe dieser Schrift. Erst wenn die Kräfte der lebensfähigen Communalverbände sich zeit- oder ortweise unzureichend ergeben sollten, kann eine Ergänzung aus Staatsfonds in Frage kommen, die zur Zeit noch den Charakter eines bloßen Nothpfennigs hat, welcher in discretionärer Weise auf die völlig verworrenen Zustände unserer sogenannten Schulgemeinden angewandt wird.

Andererseits gehört ebenso in das Gebiet der Utopien eine Anwendung des Systems des voluntarism auf deutsche Elementarschulen, — jene Lieblingsidee der besitzenden Klassen, die Bedürfnisse des Gemeinwesens dem Interesse der unmittelbar Betheiligten zu überlassen, und trotz Jahrhunderte alter Erfahrungen von der Freigebigkeit der großen Grundbesitzer und steuerbewilligenden Bauernversammlungen Alles zu erwarten. Diese Idee ist neuerdings in dem Commissionsbericht vom 11. Februar 1868 mit einiger Schüchternheit eingeführt.*)

*) Die landständischen Verhandlungen alter und neuer Zeit haben in-

Es bestätigt sich dabei, daß die Ideen der Manchesterschule keineswegs an dem städtischen oder gewerblichen Besitz haften, sondern überall auftreten, wo abgeschlossene Besitzweisen zu politischen Körperschaften formirt werden. Das englische Fabrikherrenthum, wie der alte und befestigte Grundbesitz, sind in ihrer Socialphilosophie identisch bei jeder Zumuthung neuer Lasten für entfernter liegende, ideale Zwecke. Der Fehler liegt hier auf Seiten der Staatsregierung, welche durch Formationen der Art die Erfüllung ihrer dringendsten Pflichten sich selbst erschwert hat.

Mit Uebergehung dieser extremen Ideen müssen vielmehr folgende Fragen*) beantwortet werden:

---

soweit einen übereinstimmenden Charakter, als löbliche Stände in Abwehrung öffentlicher Lasten stets einig sind. Es wird vor allem stets das Bedürfniß bestritten. Es wird stets behauptet, daß hohe Staatsregierung „sich selbst widerspreche", und daß das **domanium** nicht genug beitrage. Dieser mecklenburgische Gedankengang erscheint auch in dem Commissionsbericht des Herrenhauses v. 11. Februar 1868, S. 4. 5: „Hierauf enthalten die Motive selbst die stärksten Gründe gegen die Vorschriften der §§ 19—31 des Gesetz-Entwurfs über die Schulunterhaltungspflicht, so daß es überflüssig erscheint, nach weiteren dawider sprechenden Gründen zu suchen." — „Endlich scheint bei Feststellung der Vorlage die Wahrung des fiscalischen Interesses in einem Umfange mitgewirkt zu haben, wie es nicht gebilligt werden kann. Dies dürfte schon daraus hervorgehen, daß von der im Art. 25 der Verfassungs-Urkunde garantirten subsidiären Beihülfe des Staats nirgends die Rede ist. Es wird dies aber noch dadurch bestätigt, daß von den nach § 45 der Schulordnung für die Provinz Preußen v. 11. Dez. 1845 dem Domainen-Fiscus obliegenden verschiedenen Verpflichtungen nur ein Theil aufrecht erhalten worden ist." — Ueber die Abhülfe vorhandener Mißstände heißt es dann weiter: „So wie Uebereinstimmung darüber herrschte, daß ein gesetzlicher Zwang für Unterhaltungspflichtige, ein im Gesetz beruhender Anspruch der Lehrer auf das Maß des wirklichen Bedürfnisses für die Volksbildung und der Leistungsfähigkeit der Verpflichteten beschränkt bleiben müsse, da die Stellung und der Segen der Schule ganz besonders durch eine freiwillige Fürsorge für dieselbe gehoben werde, es an solcher Fürsorge bisher im Allgemeinen nicht mangele und deren weitere Hebung nur durch größtmögliche Beschränkung einer Zwangspflicht und einer zwingenden Einwirkung von Aufsichts wegen gefördert werden könne." (S. 5 a. a. O.)

*) Die Motive der neuesten Regierungsentwürfe stellen die allgemeinen Gesichtspunkte der Bedürfnißfrage in folgender Formulirung auf: „Hinsichtlich der Bedürfnißfrage ist bei der General-Discussion die Ansicht der Regierung mitgetheilt worden; 1) daß im Allgemeinen die Nothwendigkeit einer erheblichen Verbesserung der Lehrerbesoldungen bestehe, 2) daß es dazu einer neuen, ausdrücklichen und unanfechtbaren gesetzlichen Vollmacht für die Verwaltung bedürfe, 3) daß es dazu aber auch nicht minder einer neuen gesetzlichen Regulirung der Schulunterhaltungslast für alle die zahlreichen Fälle bedürfe, wo schon die bisherigen Leistungen für die Schule nach veralteten, nicht mehr

1) Kann das actuelle Bedürfniß der Volksschule durch erhöhte Schulgelder aufgebracht werden?

2) Kann es durch die bisherigen Schulsocietäten und die bisherige Weise der Vertheilung der Societätslasten aufgebracht werden?

3) Kann es überhaupt in den Ortsgemeinden innerhalb des Systems der hergebrachten Communalsteuern bestritten werden?

Wenn nicht — wie weiter?

III.

Warum es mit dem System der Schulgelder nicht weiter geht?

Das System der Schulgelder hat sich als ein ergänzendes Stück der Schulunterhaltung in jener Zeit gebildet, in welcher die Staatsverwaltung die als Anhang der Kirche vorgefundene Volksschule mühsam zur Selbständigkeit herauszuarbeiten hatte. Es war das eine Zeit, in welcher Staat und Gemeinde noch großentheils auf dem Boden der Naturalwirthschaft stehend, nur mit großer Mühe Geldmittel für neue Zwecke flüssig zu machen vermochten.

Wo sich die Elementarschule an ein vorhandenes Küsteramt anschließen konnte, war Schulhaus und Lehrerwohnung mit einem kleinen Stück Land und kleinen Einkünften meistens schon vorhanden. Wo dies fehlte oder nicht reichte, half man in der Weise jener Zeit durch Verleihung nutzbarer Privilegien nach. Nicht selten erhielt der Schulmeister ein Privilegium des Kleinhandels und des Branntweinschanks; doch sollte solches „nicht zuvor und unter, sondern nach der Predigt" geschehen. In Preußen wurde der Branntweinausschank 1729 untersagt; um so mehr blieben die Schulmeister auf den Betrieb anderer Gewerbe verwiesen. Durch Verordnungen von 1722 und 1738 wurde

---

passenden, insbesondere der Leistungsfähigkeit und dem Interesse an der gemeinsamen Anstalt nicht mehr entsprechenden Normen festzusetzen waren, wo also noch weniger neue größere Leistungen nach eben diesen Normen verlangt und gewährt werden können." (Motive des Gesetzentwurfs vom 11. Dezember 1867 S. 39.) Wie weit diese Gesichtspunkte inne gehalten sind, wird sich in den folgenden Abschnitten ergeben.

mit Rücksicht auf die Stadtprivilegien bestimmt, „daß zu Küstern und Schulmeistern auf'm platten Lande außer Schneidern, Leinewebern, Schmieden, Rademachern und Zimmerleuten sonst keine andere Handwerker angenommen werden sollen, und daß auf'm platten Lande außer dem Küster und Schulmeister gar kein Schneider geduldet werden soll." Neue Organisationsideen werden erst sichtbar in den Principia regulativa vom 30. Juli 1736, welche Friedrich Wilhelm I. an die Hingabe eines Kapitals von 50,000 Thalern für Ostpreußen anknüpfte. Hier finden sich die im achtzehnten Jahrhundert überhaupt zur Geltung gekommenen Weisen einer Schuldotation ziemlich vollständig bei einander. Freilich heißt es auch hier unter No. 10: „Ist der Schulmeister ein Handwerker, so kann er sich schon ernähren; ist er keiner, wird ihm erlaubt, in der Erndte sechs Wochen auf Tagelohn zu gehen."

Friedrich der Große verfolgte Anfangs den Plan, die Schule analog der Pfarre auf kleine Landdotationen und Naturallieferungen zu basiren. Er erließ bald nach seinem Regierungsantritt ein Rescript, worin er den Adligen empfahl, sich die Schuleinrichtung in ihren Dörfern angelegen sein zu lassen; wie es sein Wille sei, daß in Zeit von einem halben Jahre die nöthigen Schulen in den adligen Dörfern gebaut sein sollen, und dabei den Edelleuten zwar freistehen sollte, den Unterhalt der Schulmeister nach eigenem Gefallen zu reguliren, doch dergestalt, daß die Schulmeister von den Oneribus frei sein und auf einige Stück Vieh die Weidefreiheit zu genießen hätten, sowie jedem ein Stück Acker, 12 Scheffel Getreide und 10 Thaler Schulgeld sammt dem nöthigen Brennholz und Futter für sein Vieh ausgemacht werden solle." Es war das eine freundliche Erinnerung an die „Vasallen", welche in jener Zeit von manchem wohlgesinnten Gutsherrn befolgt wurde, im Ganzen und Großen jedoch wenig dauernden Erfolg hatte. Es blieb das achtzehnte Jahrhundert hindurch der vorherrschende Zustand, daß man beim Landschullehrer an einen Schneider, Schuhmacher, Ziegelbrenner, Militairinvaliden dachte, welcher ein Paar Stunden des Tages den Buben und Mädchen des Dorfes Unterricht geben soll*). Zuweilen mußte der

*) In Krünitz' „die Landschulen 2c." (Berlin 1794 S. 179 heißt es noch: „der Schulmeister ist entweder Soldat, Schüler, Bedienter, oder er ist Präceptor, Famulus und Domestik eines Consistorialen — gewesen." — Ueber die sociale Stellung des Lehrerthums im achtzehnten Jahrhundert sagt L. Stein, Das Bildungswesen (Verwaltungslehre Bd. V.) S. 83: „Schule, Lehrer und Lehre der Volksschule blieben unter Herrschaft der ständischen Principien, wenig geachtet, meist elend ausgerüstet, aber getragen durch das lebendige Bewußtsein ihrer großen, wenn auch unscheinbaren Aufgabe, während neben ihnen die Berufsbildungsanstalten, reichlich ausgestattet und geehrt, bereits von der freieren Bewegung getragen werden.

Schulmeister sogar durch Reihewohnen und Reiheessen bei den Wirthen des Dorfs untergebracht werden. Er erhielt daneben wohl etwas Korn, Brote, Eier 2c. in kleinstem Maßstab der pfarramtlichen Einkünfte, und ein sehr kleines Schulgeld von den zahlungsfähigen Eltern nach örtlichem Arrangement des Gutsherrn und der angesessenen Wirthe.

Erst nach dem siebenjährigen Kriege war Friedrich der Große darauf bedacht, die Dorfschulen durch einen gleichmäßig erweiterten Schulplan wirksamer zu machen und für die größeren Zumuthungen an Zeit und Kräfte der Schulmeister nun auch ein etwas erhöhtes Einkommen durch feste Schulgelder zu schaffen. Das General-Land-Schulreglement vom 12. Aug. 1763 verordnete in dieser Beziehung:

§ 7. „Was das Schulgeld betrifft, so soll für jedes Kind bis es zum Lesen gebracht wird, im Winter Sechs Pfennige, wenn es aber zum Lesen gekommen, Neun Pfennige, und wenn es schreibet und rechnet Ein Groschen wöchentlich gegeben werden. In den Sommer-Monaten dagegen wird nur Zwei Drittheil von diesem angesetzten Schul-Gelde gereichet*).

Jene gehören noch der Grundherrlichkeit. Die Schule ist wie die Wege, das Armenwesen, die Sicherheitspolizei, eine Anstalt des Grundherrn; der Schullehrer ist ein herrschaftlicher Diener; die Lehre muß bei den Elementen stehen bleiben, die für den halb Leibeigenen als ausreichend gelten. Das einzige Band, welches sie mit dem höhern geistigen Leben verbindet, ist und bleibt die Geistlichkeit, die ihr Recht an der Schule wahrt, ohne dem Grundherrn unterthan zu sein. Dies Recht war noch im vorigen Jahrhundert eine sehr wesentliche Bedingung für die Anerkennung der geistigen und socialen Bedeutung, ja sogar für die Existenz der Volksschule in vielen Theilen Europa's. Man soll das in dem unsrigen nicht vergessen."

*) Die weiteren Bestimmungen lauten dahin: „Ist etwa an ein und dem andern Orte ein mehrers an Schulgeld zum Besten der Schulmeister eingeführet, so hat es dabey auch ins künftige sein Bewenden."

§ 8: „Wenn aber einige Eltern notorisch so arm wären, daß sie für ihre Kinder das erforderliche und gesetzte Schul-Geld nicht bezahlen könnten, oder die Kinder, welche keine Eltern mehr haben, wären nicht im Stande das Schulgeld zu entrichten, so müssen sie sich deshalb bei den Beamten, Patronen, Predigern und Kirchenvorstehern, in so ferne dieselben über die Kirchenmittel zu disponiren haben, melden: Da denn, wenn kein anderer Weg vorhanden, entweder aus dem Klingel-Beutel, oder aus einer Armen- oder Dorf-Kasse die Zahlung geschehen soll, damit den Schulmeistern an ihrem Unterhalte nichts abgehe, folglich dieselben auch beydes, armer und reicher Leute Kinder mit gleichem Fleiß und Treue unterrichten mögen."

§ 9: „Es soll daher auch zu diesem Zweck jährlich an dem Michaelis-Sonntage an jedem Orte auf dem Lande und in den Städten eine sogenannte Schulpredigt gehalten werden. Nach dieser gehaltenen Predigt sollen auf geschehene Ankündigung und herzliche Ermahnung des Predigers zum Besten der Landschulen und insonderheit

Der Gesetzgeber konnte nach eben beendetem siebenjährigen Kriege der Ritterschaft und den Bauern keine neuen Communal-Lasten auflegen. Es blieb daher kaum ein anderer Ausweg, als das erhöhte Einkommen durch diese Art von Stundengeldern aufzubringen, die sich als ein Aequivalent für die Leistung abstuften, und zunächst denen zugemuthet wurden, denen die „Wohlthat" der neuen Einrichtung für ihre Kinder und Pflegebefohlenen zu Statten komme. Den Unvermögenden kam man durch Niederschlagung der Schulgelder unter Heranziehung der kirchlichen Wohlthätigkeitspflege entgegen. In den Städten wurde die Regelung der Schulgelder den Stadtbehörden unter der damals sehr eingreifenden Bevormundung landesherrlicher Commissarien überlassen, wobei im Allgemeinen vorausgesetzt war, daß in den Städten die flüssigeren Geldmittel, die größere Schülerzahl und das wohlverstandene Interesse der Einwohner für das Nothwendige sorgen werde. Der Inbegriff aller allgemeinen und departementalen Maßregeln ergiebt, daß die Schulgelder im achtzehnten Jahrhundert ohne einen zusammenhängenden Plan als nothdürftige Aushülfe für anerkannte Nothstände behandelt wurden. Von einer historischen Grundlegung des Schulgeldersystems und einer besonderen „sittlichen" Berechtigung desselben, von welcher in den Motiven der neuesten Gesetzentwürfe die Rede ist, wird in den alten Edictensammlungen wenig zu finden sein.

Einige Jahrzehnte später, bei der ersten Redaktion des Allgemeinen Landrechts, erkannte vielmehr der Großkanzler v. Carmer als das Richtigere die Vertheilung der Gesammtlast der Volksschule nach dem System der gemeinen Lasten. In der ersten von ihm selbst gezeichneten Skizze des Volksschulwesens (Materialien Vol. XV. Fol. 279. 280) nimmt er folgende Sätze auf:

„Die Unterhaltung liegt den Einwohnern jedes Orts ob, nach Verhältniß der gemeinen Abgaben. Gegen deren Erlegung sind

---

zum Ankauf der nöthigen Bücher in den Dorfschulen für arme Schulkinder in den Becken oder durch den Klinge-Beutel oder nach eines Orts Gewohnheit auf eine andere Weise ein freywilliger Beytrag gesammelt werden ꝛc.

§ 10: „Da nun für den nöthigen Unterricht der Kinder bestens gesorgt wird, so sollen diejenigen Eltern, Vormünder und Andere, denen die Erziehung der Kinder oblieget, welche wider diese heilsame Verordnung ihre Angehörige nicht zur Schule schicken, dennoch für jedes Kind die gesetzte Zeit über das gewöhnliche Schul-Geld den Schulmeistern entrichten . . . . Wenn überdem bey der Schul-Visitation der Visitator in Erfahrung bringen solte, daß Eltern ihre Kinder in dem vergangenen Jahre nicht fleißig zur Schule gehalten, so sollen sie dahin sehen, daß deshalb Sechszehn Groschen Straf-Gelder zur Schul-Kasse gegeben werden."

sie vom Schulgeld befreit." — Die Redactoren wußten, daß es nicht leicht sei, Bestimmungen der Art gegen den conservativen Sinn der ländlichen Bevölkerung durchzusetzen. Dennoch kämpfte sich der Grundsatz durch die zahlreichen Monita hindurch zu der schließlichen Fassung der §§ 29—42 A. L.=R. II., 12 in den Hauptsätzen:

§ 29: „In Ermangelung von Stiftungen liegt die Unterhaltung der Lehrer den sämmtlichen Hausvätern jedes Ortes, ohne Unterschied ob sie Kinder haben oder nicht, und ohne Unterschied des Glaubensbekenntnisses ob."

§ 31: „Die Beiträge müssen unter die Hausväter nach Verhältniß ihrer Besitzungen und Nahrungen billig vertheilt und von der Gerichts-Obrigkeit ausgeschrieben werden."

§ 32: „Gegen Erlegung dieser Beiträge sind alsdann die Kinder der Contribuenten von Entrichtung eines Schulgeldes für immer frei."

§ 33: „Gutsherrschaften sind verpflichtet, ihre Unterthanen, welche zur Aufbringung ihres schuldigen Beitrags ganz oder zum Theil auf eine Zeitlang unvermögend sind, dabey nach Nothdurft zu unterstützen."

§ 34. „Auch die Unterhaltung der Schulgebäude und Schulmeisterwohnungen muß als gemeine Last von allen zu einer solchen Schule gewiesenen Einwohner ohne Unterschied getragen werden."

Es war damit ausgesprochen, daß mit Regulirung der Schullast als Gemeindelast, als dem normalen Verhältniß, die Schulgelder wegfallen sollen. Es blieb danach den Staatsbehörden überlassen, jenes normale Verhältniß durchzuführen.

So uneinig indessen Rittergutsbesitzer und Bauern, so weit auseinander gehend die städtischen und ländlichen Interessen sich noch gegenüber standen: in der Abwehr gemeiner Lasten waren die besitzenden Klassen doch schließlich einig. Unverkennbar aus diesem Grunde machte die Staatsgewalt von ihren so reichlich vorhandenen Oberaufsichts- und Zwangsrechten auf diesem Gebiet einen überaus schonenden Gebrauch. Die Regulirung der Militairlasten und der Finanzeinkünfte des Staats erschien so viel dringender geboten, daß Staatszwang und Staatsbevormundung sich immer auf anderen Gebieten gewissermaßen erschöpften, und vor der Regulirung der gemeinen Schullast zögernd und rücksichtsvoll stehen blieben.

Auch die gewaltigen Impulse der Jahre 1808 bis 1815 gehen an diesem Gebiet so gut wie spurlos vorüber.

Die Geschäfts-Instruktion v. 23. Oktober 1817 § 18 bestätigt noch einmal die Befugniß der Regierungen zur Regulirung des Schulgeldes, und eine amtliche Zusammenstellung wird ergeben, daß solche in der großen Mehrzahl der Fälle in der Richtung einer Erhöhung der Schulgelder gehandhabt wurde.

Der Gesetzentwurf v. 27. Juni 1819 hatte zwar in Durchführung des landrechtlichen Grundsatzes die Schulgelder nebenbeigesetzt, und in möglichst schonender Weise den Grundsatz der gemeinen Schullast durchzuführen gesucht: allein die jetzt gedruckten „Aktenstücke" gestehen zu, daß der Widerstand der besitzenden Klassen gegen diese Art der Regelung ein Hauptgrund des Scheiterns der allgemeinen Schulordnung geworden ist.

Immer nur sporadisch haben einzelne Regierungen und Lokalbehörden eine Regulirung der gemeinen Schullast durchgeführt. Vergeblich erinnerte ein Rescript des Unterrichtsministers v. 18. April 1831 die Verwaltungsbehörden daran, „daß die Aufbringung der Schulunterhaltung und besonders die Lehrerbesoldung durch Schulgeld seit Publikation des Allg. Landrecht überhaupt nicht mehr die eigentlich gesetzmäßige Einrichtung sei", und setzte dabei die Vorzüge auseinander, welche durch Repartition der Schulunterhaltungslast im Vergleich zu dem System der Schulgelder obwalten.*) Vergeblich wurde dabei der Grundsatz eingeschärft,

„die Gemeinden können sich solchen Falls der Einführung fixirter Beiträge in der oben gedachten Weise als der eigentlich gesetzlichen Einrichtung niemals widersetzen."

Die Gemeinden widersetzten sich doch, und die besitzenden Klassen waren unerschöpflich in der Geltendmachung von angeblich provinziellen und lokalen Eigenthümlichkeiten und besonderen Gründen, aus denen es bei der Erhebung von Schulgeldern verbleiben müsse.

*) „Es stellt sich dadurch, daß erstens durch die Heranziehung aller Hausväter der Schulgemeinde, ohne Rücksicht auf schulbesuchende Kinder, die Contribuentenzahl meistentheils beträchtlich vermehrt, daß zweitens die Last nach einem viel billigeren und zweckmäßigeren Repartitionsfuße, als dem rein zufälligen der Kinderzahl, unter ihnen vertheilt, daß dabei drittens kein dergl. absoluter Beitragssatz, wie das Schulgeld, sondern ein für jede einzuschätzende Klasse freier, mithin auch die zur Zahlung des bisherigen Schulgeldes unvermögenden Eltern doch noch mit dem etwa in ihren Kräften stehenden niederen Quanto heranziehender Satz genommen, und daß endlich viertens die Beitragslast, statt der sonstigen Beschränkung auf die Schulzeit der Kinder, für jeden Contribuenten auf die ganze Dauer seiner Existenz als Hausvater in der Schulgemeinde vertheilt wird, der jährliche Beitrag für jedes Gemeindemitglied allemal in ein so mildes Verhältniß, daß er namentlich mit dem oft so drückenden Schulgelde in gar keine Vergleichung zu bringen ist."

In der stürmischen Bewegung des Jahres 1848 bildete die Volksschule einen Hauptgegenstand der Agitation, und die preußischen Verfassungs-Urkunden v. 5. Dez. 1848 und v. 31. Jan. 1850 führten nochmals zur Proklamation des landrechtlichen Grundsatzes:

„Die Mittel zur Errichtung, Unterhaltung und Erweiterung der öffentlichen Volksschule werden von den Gemeinden, und im Fall des nachgewiesenen Unvermögens ergänzend vom Staate aufgebracht. In der öffentlichen Volksschule wird der Unterricht unentgeltlich ertheilt."

Die von den Sympathien der besitzenden Klassen getragene rückläufige Bewegung, welche der Publikation der Verfassung folgte, ließ es indessen bei der bestehenden Praxis. Bei dem Mangel aller Rechtscontrolle der Verwaltung erging unter dem Minister v. Raumer sogar das sehr anomale Circ.-R. v. 6. März 1852 No. 3. 4. in folgender Fassung:

„Wo Schulgeld erhoben wird, haben die K. Regierungen nach der Instr. v. 23. Okt. 1817, § 18. pos. f. das Recht, dasselbe festzusetzen und zu reguliren. Ist eine Verbesserung des Lehrereinkommens erforderlich, so wird zunächst um so mehr zu einer Erhöhung des Schulgeldes zu schreiten sein, als an vielen Orten die bisherige Festsetzung desselben aus einer Zeit herrührt, in welcher das Geld einen höheren Werth besaß, als ihm gegenwärtig zukommt, die Schuleinrichtungen selbst aber den Voraussetzungen, auf welchen z. B. die Normirung des Schulgeldsatzes in dem General-Landschulreglement v. 12. Aug. 1763 beruht, nicht mehr entsprechen. Nach den bestehenden Verhältnissen bildet das Schulgeld eines der naturgemäßesten Emolumente der Lehrerbesoldungen, und verdient daher im Interesse der Lehrer, wo entscheidende lokale Verhältnisse nicht entgegenstehen, die sorgfältigste Konservirung."

Die Folge solcher Anweisungen war nun wieder eine häufige Steigerung der Schulgelder, zu welcher an erster Stelle gegriffen wurde, wenn, wie gewöhnlich, der allgemeine Zustand des Gemeindehaushalts andere bereite Mittel nicht darbot.

Der dadurch hervorgegangene actuelle Zustand, wie solcher in der Schulstatistik für 1864 sichtbar wird, bietet in seinen allgemeinen Resultaten zunächst nichts Auffallendes. Die Summe von 2,500,000 Thlr. als Gesammtbetrag aller Schulgelder der Volksschulen in 8 Provinzen, der Durchschnittsbetrag der städtischen Schulgelder mit ungefähr 4 Thlr. für das Kind, der ländlichen Schulgelder mit $1^1/_3$ Thlr. für das Kind, erscheint ungefähr analog den höheren Schulen. Wenn an Stelle dieses Solleinkommens durchschnittlich nur 25 Sgr. für das einzelne Kind wirklich eingehen, so läßt sich folgern, daß den unvermögenden Eltern in ziemlich weitem Maße Nachlaß gewährt wird.

Dies Bild verändert sich aber in sehr unvortheilhafter Weise, wenn die wirkliche Vertheilung des Schulgeldes in das Auge gefaßt wird. Es kommt dann ein so willkürlich gestalteter Zustand zum Vorschein, daß jeder Versuch, darin noch irgend einen rechtlichen oder wirthschaftlichen Grundsatz festzuhalten vergeblich bleibt.

Zunächst ist in den Provinzen und Regierungsbezirken ein völlig ungleicher Zustand dadurch entstanden, daß einzelne Regierungen den Grundsatz des Allgemeinen Landrechts ziemlich consequent durchgeführt, andere wenig oder nichts in jener Richtung gethan haben. In der Provinz Preußen ist das Schulgeld auf dem platten Lande auf jährlich $2^1/_2$ Silbergroschen herabgesetzt. In der Provinz Posen wird in den ländlichen Schulen in der Regel gar kein Schulgeld erhoben. In Schlesien beträgt im Regierungsbezirk Oppeln das sehr geringe Schulgeld wenig über $^1/_{12}$ der Gemeindeleistungen für die Schule; im Regierungsbezirk Breslau erreicht es fast $^1/_3$ der Gemeindeleistungen; im Regierungsbezirk Liegnitz übersteigt es alle übrigen Gemeindeleistungen für die Lehrerbesoldungen um 35,000 Thlr. In den übrigen Provinzen ist die Erhebung von Schulgeldern die thatsächliche Regel; in einzelnen Ortschaften ist aber doch wieder alles Schulgeld aufgehoben. Beiläufig bemerkt, hat unter den neuen Landestheilen Schleswig-Holstein das Schulgeldersystem schon durch die Schulordnung von 1814 beseitigt.*) Es wird unmöglich sein, irgend eine

---

*) Die Schulstatistik ergiebt für das Jahr 1861 folgende Prozentsätze für die Aufbringung der Lehrergehalte in den einzelnen Regierungsbezirken.

1. Durch die Schulgelder wurden aufgebracht in den Reg.-Bez. Liegnitz und Minden $52^2/_5$ pCt., Münster 49 pCt., Stettin 42 pCt., Köslin 41 pCt., Düsseldorf und Frankfurt 40 pCt., Trier, Potsdam, Merseburg 39 pCt., Magdeburg, Aachen 38 pCt., Breslau 33 pCt., Arnsberg 29 pCt, Köln, Koblenz 28 pCt., Danzig, Erfurt 20 pCt., Berlin 19 pCt., Marienwerder 17 pCt., Königsberg 16 pCt., Gumbinnen 12 pCt., Stralsund 11 pCt., Bromberg 8 pCt., Oppeln 5 pCt., Posen $2^1/_6$ pCt.

2. Durch Gemeindeleistungen wurden beschafft im Reg.-Bez. Posen 91 pCt., Oppeln $90^1/_2$, Stralsund 89, Gumbinnen 83, Bromberg 82, Königsberg, 79, Erfurt 76, Marienwerder 75, Danzig 74, Köln 71, Arnsberg 70, Koblenz 68, Breslau 64, Aachen 61, Berlin 60, Magdeburg, Trier 59, Merseburg, Düsseldorf 58, Frankfurt 57, Potsdam 56, Köslin 55, Stettin 54, Liegnitz 46, Minden 41, Münster 40 pCt.

sachliche Rechtfertigung dafür zu geben, warum in dem einen Regierungsbezirk die Hausväter durch Schulgeld 52,4 pCt., in dem andern nur 2,18 pCt. aufbringen sollen; warum die Gemeindesteuerzahler in dem einen Regierungsbezirk 91 pCt., in dem andern nur 40 pCt. aufbringen; warum der Staat in dem einen Bezirk 11 pCt., in dem andern nur 0,6 pCt. zuschießt. Von örtlichen Eigenthümlichkeiten ist dabei keine Spur zu entdecken: im Gegentheil, je mehr die Verschiedenheiten specialisirt werden, um so grundsatzloser erscheinen sie.

Noch unmotivirter erscheinen nämlich die Verschiedenheiten, wenn man sie auf die Landschulen beschränkt, und beispielsweise die Schulgelder im Regierungsbezirk Posen mit $^{44}/_{100}$ pCt., Stralsund $^{6}/_{10}$ pCt., Oppeln 4 pCt., Königsberg 6 pCt., Bromberg $9^{1}/_{2}$ pCt., Arnsberg 24 pCt., Breslau 31 pCt., Stettin 46 pCt., Köslin 48 pCt., Minden 51 pCt., Münster 56 pCt., Liegnitz 58 pCt. betheiligt vorfindet, — dagegen die Gemeindebeiträge in Stralsund mit 99 pCt., Posen 96 pCt., Oppeln 92 pCt., Königsberg 91 pCt., Bromberg 83 pCt., Arnsberg 73 pCt., Breslau 66 pCt., Stettin 51 pCt., Köslin 48 pCt., Münster $43^{1}/_{2}$ pCt., Minden 43 pCt., Liegnitz 41 pCt., — Verhältnisse innerhalb ein und derselben Provinz, an denen jeder Versuch einer Rechtfertigung scheitern muß.

Am verkehrtesten erscheint das Resultat, wenn die Schulgelder der einzelnen Ortschaften einander gegenübergestellt werden, wobei dann in Tausenden von ländlichen Ortschaften und in einzelnen Städten der Beitrag der Hausväter an Schulgeld = 0 beträgt, während in einer Anzahl von Städten und Landgemeinden es annähernd die ganze Lehrerbesoldung deckt.

Einen noch wunderlicheren Eindruck machen die von der Unterrichtsverwaltung (1857) veröffentlichten Nachrichten über die Schulgeldsätze (S. 74), in welchen die niedrigen, mittleren und höchsten Sätze des Schulgeldes für die Städte von 10 Silbergroschen bis zu 24 Thalern, von 1 Thaler 5 Silbergroschen bis 24 Thalern, 15 Sgr. bis 36 Thlr., 5 Sgr. bis 30 Thlr., 12 Sgr. bis 16 Thlr., $5^{1}/_{2}$ Sgr. bis 24 Thlr.; und in den ländlichen Schulgemeinden von $2^{1}/_{2}$ Sgr. bis 5 Thlr., 15 Sgr. bis 3 Thlr., 7 Sgr. bis 12 Thlr., 12 Sgr. bis 6 Thlr., 5 Sgr. bis 30 Thlr. abwechseln. Es ist auch dabei keine

3. Der Staatszuschuß zu den Lehrergehalten betrug in Berlin 21 pCt., im Reg.-Bez. Münster, Bromberg 11, Marienwerder 9, Posen, Minden 7, Danzig, Gumbinnen 6, Königsberg, Erfurt, Potsdam, Koblenz 5, Oppeln, Frankfurt, Magdeburg 4, Köslin, Merseburg, Stettin 3, Breslau, Trier, Aachen,, Köln, Arnsberg 2, Liegnitz, Düsseldorf, Stralsund 1 pCt.

Rede von provinziellen, landschaftlichen oder örtlichen Eigenthümlichkeiten und allen den sonstigen Ausreden, welche die besitzenden Klassen zur Hand haben, wenn es darauf ankommt, gemeine Lasten und Steuern abzuwehren: sondern es ist das nackte Spiel des Zufalls, welches in ländlichen und in industriellen, in reichen und in armen Ortschaften bald die niedrigsten, bald die höchsten Schulsätze annimmt, — welches die Schulerhaltung bald beinahe ausschließlich den Hausvätern, bald ausschließlich den Steuerzahlern auferlegt, und für jede dazwischen liegende Combination die Grundsatzlosigkeit walten läßt.

Alle diese Verschiedenheiten bestehen aber unter einer und derselben Grundauffassung und Gesetzgebung über die Volksschule, unter den gleichmäßigen Grundsätzen vom Schulzwang, von der Parität der Kirchen und von der gemeinen Schullast im Geltungsgebiet des Allg. Landrechts und allgemeiner Landesgesetze. Es handelt sich in den vorhandenen Zuständen nur um mangelhafte Ausführung der seit Menschenaltern anerkannten Grundsätze. Bei jedem neuen Anlauf zu einer provinziellen oder allgemeinen Schulgesetzgebung ist man daher auch in Preußen mit innerer Nothwendigkeit auf gleichmäßige Grundsätze in Vertheilung der Schullast stets zurückgekommen. Die mangelnde Energie der Staatsbehörden ist über den vorhanden grundsatzlosen Zustand dennoch nicht mehr hinausgekommen.

Im Hintergrund aller Verwirrung liegt aber heute, wie vor 100 Jahren, die Widerstandskraft der besitzenden Klassen, welche nach ihrem nächsten Interesse Schulgeld und Volksunterricht noch immer in dem wirthschaftlichen Verhältniß von „Leistung und Gegenleistung“ betrachten, während beides nach der Grundauffassung des Allgemeinen Landrechts und nach dem feierlichen Anerkenntniß unserer Verfassungs-Urkunden öffentliche Pflicht, öffentliches Recht und allgemeines Interesse nach jeder Richtung hin geworden ist.

Unbestritten anerkannt und ausgeführt ist diese Auffassung, soweit das Interesse der besitzenden und der studirten Klassen reicht: in der Gestaltung unserer Universitäten, welche dem Gemeinwesen annähernd 1,500,000 Thlr. jährlich kosten, zu welchen die Honorare der Studirenden nur einen Bruchtheil beitragen, welcher im Verlauf des 19. Jahrhunderts so herabgesunken ist, daß an eine Erhöhung gedacht werden muß. Unsere besitzenden Klassen haben auf diesem Gebiete die nationale Bildung als Gegenstand des Staatsinteresses kaum jemals ernstlich bestritten.

In analoger Weise sind die höheren Schulen nur zur kleineren Hälfte auf Schulgelder basirt, zur größeren Hälfte auf Staats-,

Communalmittel und Stiftungen. Die Schulgelder haben hier längst den Charakter der öffentlichen Gebühren erhalten, welche derjenige, der die Staats- oder Communaleinrichtung zu seinem Vortheil benutzt, nach einem gleichmäßigen Tarif zahlt, ohne daß man nach dem Selbstkostenpreis des Unterrichts in seinen verschiedenen Abstufungen fragt. Die Zahlung ist hier freie Wahl der besitzenden Klassen, welche die gelehrte Schule zum Unterricht der Kinder benutzen. Nicht die Fähigkeit und die bestimmte Aussicht auf einen künftigen Beruf entscheidet über diese Wahl, sondern die Standes- und Vermögensverhältnisse der Eltern. Wer seine Kinder bis zum 18. oder 20. Jahre ohne Selbstverdienst zu erhalten vermag, wählt das Gymnasium oder die Realschule. Wenn nun eine Uebersicht der letzten Jahre die Gesammtkosten der höheren Schulanstalten auf jährlich 2,573,000 Thlr. angiebt, darunter nur 1,193,000 Thlr. Schulgeld: so liegt darin einerseits die Anerkennung eines bedeutungsvoll allgemeinen Interesses; andererseits die Behandlung als Gegenstand des „Angebots und der Nachfrage," wobei es genügen mag, den ärmeren Klassen eine solche Zahl von Freistellen offen zu lassen, welche der entschiedenen Berufsanlage Raum schafft.

Auch für den kleineren Mittelstand entwickelt sich ein System von Mittelschulen,*) veranlaßt durch das Bedürfniß, den Elementarunterricht in höheren Stufen zu einem selbständigen, für den Gewerbe-

---

*) Vgl. F. Hofmann (Stadtschulrath), Ueber die Einrichtung öffentlicher Mittelschulen in Berlin. (1869. 4.) Zu der umfangreichen pädagogischen Litteratur über das Bedürfniß solcher niederen Bürger- oder Mittelschulen, vgl. jetzt auch die Bemerkung in Stein, Verwaltungslehre V., S. 140: „Die Bürgerschule erscheint in dieser Scheidung mehr oder weniger klar getrennt von der Elementarschule bei allen Völkern; ihre Grundlage ist der Gedanke einer Elementarbildungsanstalt für die niederste Klasse der Besitzenden, denen die Volksschule nicht genügt, und die zur Berufsschule nicht nothwendig übergehen wollen. Sie wird sich daher stets an das kleinere Gewerbe anschließen, und zugleich die Vermittlung zwischen Elementar- und Berufsschule bilden. Darnach wird sich natürlich ihr Unterricht und ihr Klassensystem richten. — Es ergiebt sich darnach, daß die Bürgerschule diejenige Anstalt ist, bei welcher die drei Elemente bereits als erworbene Fähigkeiten vorausgesetzt werden, und welche daher in allen ihren Klassen nicht mehr den Erwerb, wie die Volksschule, sondern die Verwendung derselben zu zeigen und zugleich die Elemente der allgemeinen Bildung, Geographie, Naturlehre und Geschichte nebst Mathematik und Wirthschaftsrechnung zu lehren hat." — Es wird sich empfehlen in einen Gesetzentwurf über die Volksschule eine Ermächtigungsclausel für die Einrichtung von Mittelschulen aufzunehmen (vgl. den neuesten Gesetzentwurf Art. IV. § 3). Die Gründe für Beibehaltung des Schulgeldes in den höheren Schulanstalten erscheinen auch für diese Bildung überwiegend.

betrieb unmittelbar nützlichen Abschluß mit dem 14. Jahre zu bringen, — ein Bedürfniß, welches zur Zeit in den unteren Klassen der gelehrten Schulen nicht sachgemäß erfüllt wird, und deren Ueberfüllung herbeiführt. Auch hier ist es gerechtfertigt, aus Communalmitteln das allgemeine Interesse fachmäßiger Ausbildung eines Gewerbestandes zu fördern; diesen Unterricht aber doch als Gegenstand von „Angebot und Nachfrage" auf mittlere Schulgeldsätze zu stellen.

Für den Elementar-Unterricht aber verändern sich diese Gesichtspunkte. Hier handelt es sich nicht um ein Mehr oder Weniger, um ein Maß der höheren Bildung, von welchem man Gebrauch machen oder nicht Gebrauch machen kann: sondern um ein vom Standpunkt der Allgemeinheit nothwendiges Minimalmaß, welches dem aufwachsenden Menschen die Möglichkeit eines menschenwürdigen Daseins eröffnet, welches zur Aufrechterhaltung des Kulturstandes und des Nahrungsstandes der Gesammtheit, ja selbst für die Militäreinrichtungen und andere Seiten des Staatslebens unentbehrlich erscheint. „Die Aufgabe der Volksschule ist, der unmündigen Jugend das Maß nationaler, menschlicher und religiöser Bildung zu verschaffen und zu sichern, welches nicht als Gabe einzelner Familien, noch als ein besonderes Gut einzelner Klassen der Bevölkerung, sondern als das gemeinsame Bedürfniß Aller für Alle gewährt werden muß." (Bluntschli, Allgemeines Staatsrecht II, S. 353.) Wie die Elementarbildung die unerläßliche Bildung für alle Staatsangehörige, so ist sie Voraussetzung und Einleitung für alle Weiterbildung in den höheren Stufen. Sie wird eben dadurch die Voraussetzung des geistigen Verkehrs, der ineinandergreifenden Bewegung, des geistigen Fortschritts der ganzen Nation. Die in ihr gegebene Möglichkeit der Weiterbildung des Einzelnen wird zur Vorbedingung für die geistige Bewegung des Ganzen. Für die Elementarschule tritt deshalb der Grundsatz des direkten Staatszwanges ein, welcher die Eltern im Interesse der Gesammtheit nöthigt, ihre Kinder bis zum 14. Jahre in die öffentliche Schule zu schicken, sofern sie nicht die Ertheilung eines gleich guten, aber stets theueren Privatunterrichts nachweisen. Diese Art der Verpflichtung geht über den Maßstab der Gebühren hinaus, welche der Staat für Leistungen erhebt, von welchen der Einzelne nach seinem Ermessen Gebrauch machen oder nicht Gebrauch machen kann. Mit dem rechtlichen Zwang erhält in der Elementarschule das Schulgeld den Charakter einer Zwangssteuer, bei welchem nun die Frage dahin steht:

läßt es sich rechtfertigen, die unter dem Namen des Schulgeldes erhobene Steuer von jeder Familie nach der Zahl ihrer unmündigen Kinder zu erheben?

Alles was im Steuersystem gegen Kopfsteuern zu sagen ist, häuft sich als ein schwerer Vorwurf gegen diese Art der Schulbesteuerung.

Sie ist als Kopfsteuer ungerecht, schon wegen der örtlichen Vertheilung, sofern sie nach verschiedenen Regierungsbezirken, Kreisen und Ortschaften, bald in den höchsten, bald in den niedrigsten Sätzen besteht, bald aufgehoben ist, ohne jeden sachlichen Grund außer dem zufälligen Belieben von Gemeindebeschlüssen und Regierungsdecreten.

Sie ist als Kopfsteuer ungerecht wegen Begünstigung der Kinderlosen. Die antike wie die mittelalterliche Welt haben mit großem Ernst daran gedacht, den Hagestolzen und den Kinderlosen mit allerlei Lasten und Rechtsnachtheilen zum gemeinen Besten heranzuziehen: während hier der Ehe- und Kinderlose grundsätzlich steuerfrei, der Familienvater um des Besitzes der Kinder willen steuerpflichtig gemacht wird.

Sie ist als Kopfsteuer ungerecht wegen ihrer Multiplication durch die Zahl der unmündigen Kinder, indem sie bei gleichen Einkünften denjenigen, der für andere zu sorgen hat, nach der Zahl der fürsorgebedürftigen Häupter besteuert; wozu noch kommt, daß ohnehin nicht bloß die laufenden Kosten des Unterhalts, der Kleidung und des Unterrichts, sondern auch die außerordentlichen Kosten der Krankheiten und Unglücksfälle sich mit der Kinderzahl multipliciren. Statt den Kinderlosen und Sorgenfreien diese Chancen tragen zu lassen, vervielfältigt das Schulgeldsystem seine Anforderungen gerade in dem Verhältniß, in welchem ein Anspruch auf Erleichterung und Uebertragung vorhanden wäre.

Kann ferner ein verkehrterer Zeitpunkt der Kopfsteuer gedacht werden als dieser? welcher gerade in den Jahren, in welchen die kapitallosen Klassen ihren jungen Hausstand befestigen und die Anfänge eines Kapitalbesitzes gewinnen sollen, mit multiplicirten Lasten heranzieht; wogegen in der späteren Periode, in welcher die Kinder heranwachsen, ihren Unterhalt selbst verdienen, Erhebliches zu dem Hausstand der Eltern selbst leisten, die Beitragspflicht zum Schulgeld erlischt.

Kann ein verkehrteres Verhältniß speciell den nichtbesitzenden Klassen gegenüber gedacht werden, als ihnen Schulgelder abzufordern auf Kosten der Ernährung und Kleidung der Kinder? Denn es ist leider wahr, daß jedes Deficit, welches die Arbeitslöhne im kinderreichen Hausstand lassen, nicht durch den Verzicht auf den gewohnten Lebensgenuß, sondern durch eine wohlfeile Ernährung und Kleidung der Familie ausgeglichen wird.

Diesen Verkehrtheiten gegenüber weiß das Schulgeldsystem keine andere Entschuldigung, als daß die Schulgelder der Unvermögenden mit einer gewissen Leichtigkeit niedergeschlagen und erlassen werden. Allein welche Form man auch diesem Erlaß geben mag, immer erscheint er wie ein Almosen, der nachtheilig auf die Sinnesweise der Eltern wie auf die Stellung der Kinder zurückwirkt.

Für die Eltern ist der Erlaß des Schulgeldes der Anfang des Almosennehmens mit allen seinen Rückwirkungen auf vermindertes Ehrgefühl und verminderte Thatkraft. Man frage bei den praktischen Verwaltern des Armenwesens nach, in wie viel Hausständen der Erlaß des Schulgeldes der Anfang des Almosennehmens geworden ist, und man wird begreifen, wie gerechtfertigt das Sträuben des besten Theils unserer ärmeren Klassen gegen das erste Bittgesuch um Erlaß der Schulgelder ist. Das ehrenhafte Gefühl derjenigen, welche mit sauerer Hände Arbeit sich selbst und die Ihrigen redlich erhalten, ist ein moralisches noli me tangere, welches Staat und Commune nicht sorgfältig genug achten und wahren können; denn einmal gelockert, führt es in unmerklichen Uebergängen bis zur gewerbsmäßigen Bettelhaftigkeit.

Und nun gar vom Standpunkt der Kinder selbst aus? Man versuche, ob ein Mittel gefunden werden kann, unter den Schulkindern den Standesunterschied der „zahlenden“ und der „armen“ zu verbauen, wo beide einander als Klassen gegenübertreten. Auch in den jugendlichen Gemüthern tritt das sociale Gesetz der Klassenunterschiede mit instinctivem Zuge auf, und legt schon frühzeitig die Keime eines späteren Hochmuths der besitzenden Klassen, eines späteren Gefühls der Demüthigung, der Bitterkeit, des Neides der nichtbesitzenden Klassen. Schon der eine Grund kann gegen das Schulgeldersystem den Ausschlag geben, daß es der Communalschule wenn nicht überhaupt den Charakter der Armenschule aufdrückt, so doch innerhalb der Schule selbst einen Unterschied der „zahlenden“ Schüler begründet, der in dem Benehmen der Kinder unter sich wie in der mißtrauischen Beobachtung des Verhaltens der Lehrer nie völlig zu beseitigen ist, obwohl die deutsche Schule und das deutsche Lehrpersonal zu ihrer großen Ehre darin das Mögliche leisten.

Die Lebenserfahrung, welche der Einzelne an sich selber macht, daß es unmöglich ist, diejenigen im Leben einander völlig zu entfremden, die auf denselben Schulbänken zusammengesessen, entscheidet auch über das

Verhältniß der Gesammtklassen. Wollen wir das Geschick Frankreichs, die Feindschaft der Nichtbesitzenden gegen den Besitz abwehren, so wollen wir die Trennung der Schulbänke von unten herauf vermeiden. Unsere Ueberlegenheit über England und Frankreich beruht zum nicht geringen Theil darauf, daß Deutschland eine geschiedene Bildung der besitzenden und der nichtbesitzenden Klassen dem Grundsatz und dem Erfolge nach niemals gewollt hat. An die neue Erwerbsgesellschaft tritt die Frage heute zur endgültigen Entscheidung heran in ihrer ganzen Tragweite.

Die europäische Welt vom Westen bis zum fernen Osten erscheint heute tief bewegt durch das „Problem der socialen Frage.“ Die Umwandlung aller Besitz- und Erwerbsverhältnisse der civilisirten Welt durch das Auftreten der Maschine und durch die damit völlig veränderte Weise der Gütererzeugung führt, wie die Besitzentwickelung des Alterthums und des Mittelalters, zu einer beunruhigenden Aufhäufung des Besitzes, — heute nicht mehr des Grundbesitzes, sondern des Kapitals im weiteren Sinne. Immer breiter scheint die Kluft zu werden, welche Kapital und Arbeit trennt. Das Ankämpfen der Arbeit gegen die wirthschaftlichen Gesetze des freien Tauschverkehrs hat weder diesen Gang zu hindern, noch die Erhöhung der Durchschnittslöhne einseitig zu erzwingen vermocht.

Die sociale Frage ist zwar nicht die einzige, sie ist aber die ernsteste Frage der heutigen europäischen Welt geworden, obgleich sie von Vielen als Frage nur gestellt wird, um die Antwort schuldig zu bleiben, oder um geheimnißvolle Antworten zu geben, hinter welchen sich nur die Selbstsucht oder die Rathlosigkeit verbirgt.

Sicher zu beantworten sind allerdings nur die Negativen.

Es ist gewiß, daß die europäische Welt den arbeitenden Klassen die rechtliche Gleichheit nicht mehr versagen kann: aber ebenso gewiß, daß diese Gleichheit die wirthschaftliche Abhängigkeit von Besitz nicht aufzuheben vermag.

Es ist gewiß, daß keine Staatseinrichtung die untersten Schichten der arbeitenden Klassen unmittelbar zum Besitz führen kann. Es ist leider auch wahr, daß die Association und die „sociale Selbsthülfe“ ein gewisses Maß von Ueberschüssen des Lohnes zu ihrer wirksamen Entfaltung voraussetzt.

Ebenso gewiß ist es, daß die besitzenden Klassen nicht durch Schenkungen und Almosen in die Gesammtverhältnisse der arbeitenden Welt eingreifen können, ohne deren Selbständigkeit zu verletzen, ohne durch planloses Eingreifen die vorhandenen Uebelstände zu vermehren.

Es erscheinen danach nur vereinzelte Punkte, an welchen die Besitzenden durch Rath und That die sociale Selbsthülfe in Gang zu bringen und für Zustände der Arbeitsunfähigkeit und allgemeiner Noth periodische Abhülfe zu schaffen vermögen.

Im Hintergrund aller dieser Erscheinungen steht ein scheinbar fester Punkt.

Der Durchschnittslohn der rein mechanischen Arbeit (Maschinenlohn) hat im System der freien Concurrenz sich bisher dauernd auf die Kosten des physischen Lebensunterhalts gestellt, und für Capitalansammlung, höhere Bildung und höheren Lebensgenuß keine Ueberschüsse gewährt.

Es ist ungewiß, ob dieser Punkt wirklich feststeht, oder ob er unserm Auge als fixer Standpunkt nur erscheint, wegen der Unvollständigkeit und Unvollkommenheit unserer Beobachtung.

Gewiß ist es dagegen, daß das Gesetz der sittlichen Weltordnung die menschliche Entwickelung nur auf dem Boden der Freiheit weiter führt. Nicht durch die Rückkehr zur gebundenen Arbeit also kann die Noth der freien Arbeit ihre Lösung finden, sondern nur auf Wegen, welche die freie Arbeit selbst vorzeichnet.

Die bisherige Entwickelung führt aber den Beweis, daß jeder Fortschritt der Maschine und der Technik das Gebiet der blos mechanischen Arbeit beschränkt, die Controlle der Naturkräfte an die Stelle der Muskelthätigkeit setzt und damit den Charakter der Arbeit selber verändert. Jeder Zweig der erwerbenden Arbeit zeigt bereits den Uebergang in veränderte Arbeitsmethoden, welche mit weniger Mühe und Zeit eine erhöhte Production ermöglichen, welche an die Stelle der aufreibenden Körperarbeit eine Beaufsichtigung mechanischer Kräfte und chemischer Processe setzen, und deshalb eine höhere Vorbildung des Arbeiters bedingen. Die freie Arbeit selbst führt zu ihrer Vergeistigung und eben damit zu ihrer Erhebung über das „eherne Gesetz" des Maschinenlohnes.

Wirft aber unsere Arbeitsweise die arbeitenden Klassen mitten in das Gebiet eines freien Miterwerbs, in welchem es gilt, mit eigener Kraft seine Stelle zu erkämpfen: so ist die Gesellschaft auch berufen und veranlaßt, die aufwachsende, unmündige Generation zu diesem Wettkampf auszurüsten mit dem Maß der Bildung, welches die arbeitende Kraft über die blos mechanische Leistung und über das Maß des Maschinenlohnes erhebt.

Der Staat vermag dem Einzelnen die dazu nöthige Bildung eben so wenig zu geben, wie er die wirthschaftlichen Güter zu geben vermag; aber er vermag die Vorbedingungen zu schaffen, welche der Besitzlose sich selbst nicht geben kann. Die wirksame Benutzung dieser Vorbedingungen bleibt dann Sache des Einzelnen und seiner persönlichen Bemühung.

Hier liegt der Punkt, an welchem der Besitz ohne Eingreifen in die Gesetze des freien Tauschverkehrs und ohne Verletzung der Selbständigkeit der nichtbesitzenden Klassen gleichmäßige Hülfe gewähren, wo er das Erziehungswerk der Familie ergänzen kann, ohne in das Familienleben einzugreifen: es ist die Uebernahme des Elementarunterrichts der unmündigen Jugend als nationale Aufgabe, auf dem Fuß der Gleichheit, unter unmittelbarer Betheiligung der Besitzenden an Erhaltung der Volksschule durch ihre Steuern, an der Verwaltung der Volksschule durch ihre persönliche Thätigkeit.

Die Scheidung der besitzenden und der nichtbesitzenden Klassen hat den Charakter der Unfreiheit überwunden, sobald die Vorbedingungen der höheren Lebensstellung auch für den Nichtbesitzenden gegeben sind.

Die mittelalterliche Gesellschaft hat sich zu einer solchen solidarischen Aufgabe erhoben durch die in regem Wetteifer zu Stande gebrachte großartige Dotation der Kirche. In Unterweisung der aufwachsenden Jugend in Religion und Wissenschaft ist der heutigen Gemeinschaft der Menschen eine Gesammtaufgabe erwachsen, welche nicht minder bedeutungsvoll dasteht, und der vollen Erfüllung harrt.

Die sogenannte „Magenfrage" und die sogenannte „Lohnfrage", von welcher unsere conservative und liberale Demagogie zu reden liebt, erhebt sich damit zu der allgemeinen Frage der sittlichen und intellectuellen Hebung des Gesammtniveaus der Gesellschaft. Zur Lösung der so gestellten Frage dient aber unmittelbar das längst fundirte System der deutschen Volksschule. Der Glaube an diese Lösung fällt in der That zusammen mit dem Glauben an die Vervollkommnungsfähigkeit, — an die Bestimmung des Menschen zu einer fortschreitenden Vergeistigung und Veredelung, — welche mit einem fortschreitenden Maß der äußeren Güter in Wechselwirkung steht.

In Verbindung mit dem höchsten Beruf der Monarchie ist dieser Gedanke in der preußischen Staatsbildung zu den umfassenden Grundsätzen vom Schulzwang, der Parität der Kirchen und der „gemeinen Schullast" schon vor hundert Jahren gereift, unter allen Wechselfällen des Staates festgehalten und ergänzt durch das Correlat der allgemeinen Wehrpflicht. Der Staat, der von allen seinen Bürgern gleichmäßig das Höchste verlangt, hat damit auch die Pflege des allgemeinen Wohls durch Entfesselung der Verkehrsschranken, die geistige Entwickelung auf einer für Alle erreichbaren normalen Basis zu seiner unmittelbaren Aufgabe gemacht. Ein Staat, der diese höchste Aufgabe einmal ergriffen, der sie als Staatsaufgabe und „gemeine Last“ der Gemeinden einmal ausgesprochen hat, kann davon nicht mehr zurückweichen, ohne sich selber aufzugeben*). Die 1868—69 vorgelegten Gesetzentwürfe thuen deshalb nicht recht, sich noch einmal auf einen halben, abwehrenden Standpunkt zu stellen mit der Erklärung:

„daß auf die aus dem Schulgeld fließenden Mittel zur Unterhaltung der Volksschulen aus finanziellen sowohl, als mannigfaltigen anderen Gründen nicht verzichtet werden kann oder darf**).“

---

*) Die Tragweite der Schulfrage als sociale Frage ist hervorgehoben in Stein, Verwaltungslehre V., S. 73: „Inhalt, Umfang, Allgemeinheit und Freiheit des Elementarunterrichts bedeuten in ihrem Kreise die Kraft und die Richtung der ganzen socialen Bewegung einer Epoche, und zwar in der Weise, daß die Entstehung und Ausdehnung desselben, so wie seine organische Verbindung mit dem allgemeinen Bildungswesen den großen Proceß der Hebung der niedern Klassen überhaupt, speciell aber den der Erhebung derselben zum geistigen Leben der höhern bedeuten. Es ist daher ohne eine wohl organisirte Elementarbildung gar kein wahrer socialer Fortschritt möglich; wo derselbe dagegen fehlt, fehlt das große vermittelnde geistige Glied für den Uebergang von einer Klasse zur andern, mit ihm das Element der Ausgleichung der Klassengegensätze, und der sociale Kampf wird daher ein roher und gewaltsamer, der die Vermehrung der Wohlfahrt zum Inhalt und die Despotie zur Folge hat. Nur der tüchtige und allgemeine Elementarunterricht kann das ändern, fast mehr noch durch sein Princip als durch seinen Inhalt. Wo eine gute und fortschreitende Elementarbildung vorhanden ist, da ist einerseits zwar der sociale Fortschritt der niedern Klasse ein unaufhaltsamer, aber da wird mit der steigenden Bildung auch die gewaltsame Revolution mehr und mehr unmöglich.“ — Der in Preußen bereits erreichte Zustand wird richtig bezeichnet in der mittelst Denkschrift vom 1. Sept. 1867 veröffentlichten Schulstatistik S. X: „Die Erkenntniß, daß die Gewährung eines guten Schulunterrichts eine Wohlthat für die Kinder ist, darf als eine allgemeine bezeichnet werden, und erleichtert die amtliche Controle des Schulbesuchs. Das Aufblühen der Gewerbe, der lebhafte, die Gesichtskreise erweiternde Verkehr, der Wettstreit in den verschiedenen Erwerbszweigen, der Einfluß der großen Schöpfungen der Industrie und Kunst und der wissenschaftlichen Forschungen, die Theilnahme an den öffentlichen Angelegenheiten wecken den Geist des Volkes und führen es zum Erkennen des Werths der geistigen Bildung, zur Achtung gegen die Schulen. Auch den Kindern, welchen diese Gesichtspunkte noch fern liegen, ist der Schulbesuch etwas Selbstverständliches, sie sind zwar gewohnt, ihre Gespielen zur Schule gehen zu sehen und sehen mit Spannung dem Tage entgegen, wo sie sich den älteren Kindern zum Schulgang anschließen.“ — Woran es aber fehlt, das ist der Muth, die legislatorischen Consequenzen des preußischen Schulsystems fortzuführen.

**) Der Regierungsentwurf fügt außerdem noch folgenden practischen Grund hinzu: „Für die Schulgelderhebung spricht ferner die Wahrnehmung, daß dieselbe einen heilsamen Einfluß auf die Benutzung und Wirksamkeit der öffentlichen Volks-

Dieser Position gegenüber hat das Abgeordnetenhaus eine Abänderung des Verfassungsgrundsatzes von der Unentgeltlichkeit des Elementarunterrichts noch einmal durch Beschluß vom 10. Februar 1869 mit 202 gegen 134 Stimmen ausgesprochen (Sten. Ber. S. 1563). Der tiefgehende sociale Grundsatz, welcher nach so vielen Wechselfällen und Contestationen nun schon im dritten Menschenalter seine Bestätigung gegen alle nächsten Interessen der besitzenden Klassen erzwingt, hat damit eine moralische Kraft beurkundet, die sich siegreich durchsetzen wird. Die Fortsetzung des bisherigen Verfahrens, durch Erhöhung der Schulgelder den Steuerzahlern auf Kosten der „Familienväter" Erleichterung zu verschaffen, wird nach diesem erneuten Beschluß nicht mehr zu denken sein. Die nicht mehr fließende Quelle geht dem Versiegen entgegen; denn das Schulgeld in seiner jetzt vorhandenen grundsatz- und gedankenlosen Gestalt kann nicht mehr stationair werden.

Geht es damit nicht mehr rückwärts, so muß es vorwärts gehen. Hat der alternde Absolutismus die volle Durchführung der Aufgabe nicht mehr zu finden vermocht; hat der Widerstreit der gesellschaftlichen Klassen im constitutionellen Staat in dem ernsten großen Ziel sich noch nicht zusammenzufinden gewußt, so wird die vereinte Kraft

---

schulen zu üben pflegt, welcher sich in der Regel darin zeigt, daß der Werth der Schule in den Augen der Eltern und Kinder steigt, daß ihre Benutzung eine allgemeinere, auch von den wohlhabenden Familienvätern nicht unterschätzte, und eine regelmäßigere, auch von ärmeren Familienvätern sorgfältiger wahrgenommen wird." Nach der Sinnesweise unserer ländlichen Bevölkerung ist die Voraussetzung in weitem Maße begründet. Sie ist die Hauptveranlassung gewesen, aus welcher der Verfasser dieser Schrift die Beibehaltung von gleichmäßigen, niedrigen Schulgeldern mit dem Charakter von Controllgeldern für den Schulbesuch befürwortet hat. (Gneist, Verwaltung, Justiz, Rechtsweg, S. 576. 577). Die alternative Stellung des Schulgeldes als „Strafe der Versäumniß" sollte die überaus lästigen Strafeinziehungen für Schulversäumniß vereinfachen. Die inzwischen erfolgte Veröffentlichung der Actenstücke über die Gesetzentwürfe der letzten 50 Jahre und wiederholte Erwägung der verfahrenen Lage unseres gesammten Systems der Schullasten haben den Verfasser bestimmt, jetzt den durchgreifenden Grundsatz der Aufhebung zu befürworten. So zweckmäßig ein Schulgeldsystem mit jenem Charakter der Controlle sich auch im practischen Leben bewähren möchte, und so ausführbar die Maßregel in der Gesetzgebung eines absoluten Staats ist: so schwer wird sie in dem Streit der Parteien im constitutionellen Staatsleben sich durchführen lassen; denn in dem Streit über Schulgeld und Steuer spannen sich nach allen bisherigen Erfahrungen die Interessen der besitzenden Klassen zu so scharfen Gegensätzen, daß zwischen ihnen kein Mittelweg jener Art mehr zur Geltung kommt.

Wir beschränken also jetzt die Beibehaltung der Schulgelder auf die sogenannten Mittelschulen, soweit solche von dem Elementarunterricht oder den Elementarklassen sich abscheiden lassen. Vgl. oben S. 30 Note.

das nachzuholen haben, was die getrennten beiden Seiten für sich nicht mehr vermochten.

Die moderne Gesellschaft und die aus ihr hervorgehende Volksvertretung sollen in den vorhandenen Staat hineinwachsen und über den Gesichtskreis der nächsten Interessen hinaus erkennen, daß alle Zweige des Wissens sich gegenseitig ergänzen, daß die gleichmäßige Hebung der elementaren Bildung das gegenseitige Verständniß und das nützliche Ineinandergreifen aller Klassen der Gesellschaft erhöht, daß die gleichmäßige Heranbildung der Jugend den Gesammtertrag der Volksarbeit, des Volksreichthums und der Staatskraft vervielfältigt.

Die Staatsverwaltung andererseits soll den längst von ihr anerkannten Grundsatz, daß die sittliche und intellectuelle Bildung der Volksjugend das Fundament der Erhaltung und Erhebung des Staats ist, endlich auch voll verwirklichen, und nach dem anerkannten Grundsatz folgerecht handeln, nachdem sie Jahrzehnte hindurch, gedrängt von widerstreitenden Interessen, die Führung verloren hat.

Sobald beide Richtungen sich zusammenfinden, wird daraus die Aufhebung der Schulgelder hervorgehen.

IV.

Warum es mit dem System der Schulsocietäten und Societätslasten nicht geht?

Kann die Schulerhaltung nicht auf die Schulgelder basirt werden, so bedarf es einer Vertheilung der Schullast auf die Hausstände des Communalverbandes.

Diese Consequenz hat der Großkanzler v. Carmer schon bei dem ersten Entwurf eines preußischen Schulrechts als nothwendige Folge des gesetzlichen Schulzwanges erkannt. Die preußische Gesetzgebung (analog der älteren englischen über die Armenlast), wurde damit auf den Weg des selfgovernment gewiesen. Die darauf bezüglichen Artikel des Allg. Landrechts enthalten in der That sämmtlich Ansätze zu dem System der wirklichen Selbstverwaltung.

§. 29. Die Unterhaltung der Lehrer liegt den sämmtlichen Hausvätern jedes Orts ohne Unterschied, ob sie Kinder haben oder nicht, und ohne Unterschied des Glaubensbekenntnisses ob.

§. 31. Die Beiträge müssen unter die Hausväter nach Verhältniß ihrer Besitzungen und Nahrungen billig vertheilt und von der Gerichtsobrigkeit ausgeschrieben werden.

§. 34. Auch die Unterhaltung der Schulgebäude und Schulmeisterwohnungen muß als gemeine Last von allen zu einer solchen Schule gewiesenen Einwohnern ohne Unterschied getragen werden.

Es war hier eine neue staatliche Funktion geschaffen, welche über die älteren Zwecke der kirchlichen und der weltlichen Gemeinde, der politischen und der Realgemeinde und über das Genossenschaftswesen des deutschen Privatrechts hinausging. Der so gebildete Verband hatte nicht mehr wie die Stadt- und Landgemeinden der feudalen Periode seine eigenen Rechte zum Gegenstand, sondern die Erfüllung staatlicher Aufgaben nach Maßgabe bestehender Gesetze und Regulative. Die Ortsgemeinde war zur Trägerin einer höheren Funktion bestimmt, durch welche sie, wie das englische Kirchspiel, zu verjüngter Bedeutung und Selbständigkeit gelangen konnte. Die Staatsbildung Englands zeigt uns, was dazu gehörte, nämlich:

1) gesetzliche Fixirung der Schulbezirke;

2) gesetzliche Organisation verantwortlicher Aemter des Kreisverbandes (Friedensrichter), denen die Abmessung des zeitigen Bedürfnisses der Schulverwaltung und deren Oberleitung selbständig überlassen werden konnte;

3) gesetzliche Fixirung des Steuermaßstabes, durch welche der Streit der gesellschaftlichen Klassen über ihre Theilnahmepflicht an der gemeinen Last aufgehoben wird.

In dieser Weise hat sich das englische Selfgovernment der Kirchspiele für die Armen- und Wegeverwaltung gebildet und mit dem Kreisverband zusammengefügt. In dieser Weise hatte schon die Gesetzgebung des Mittelalters das Selfgovernment der Kreisverbände und Städte im Gerichts-, Polizei-, Finanz- und Milizwesen geschaffen.

Allein jene Parallele ergiebt zugleich die Hindernisse, welche dem preußischen Gesetzgeber am Schluß des XVIII. Jahrhunderts noch entgegenstanden. Das Feudalwesen hatte unsere alten großen Communalverbände in dem Maße zersplittert und zersetzt, daß unter dem Namen von „Gemeinden" hier eine Ueberzahl von gutsherrlichen und bäuerlichen Besitzgruppen bestanden, welche weder die persönlichen noch die Steuerkräfte für eine erhöhte Gemeindethätigkeit besaßen. Auch die zwerghafte, ärmliche Bildung vieler sog. Stadtgemeinden entbehrt der wirklichen Vorbedingungen eines lebensfähigen Selfgovernment. Das

Allgemeine Landrecht konnte diese Zustände nicht durch allgemeine Sätze ändern. Es mußte die vorgefundenen Besitzverhältnisse, Nachbarverbände, und vor Allem die gewohnte Sinnesweise der Bevölkerung annehmen, wie sie war. Die Codification hatte ohnehin so mannigfaltige Interessen der besitzenden Klassen verletzt, daß sie an dem Widerstand derselben zu scheitern drohte. Jedenfalls waren die privilegirten wie die nicht privilegirten Klassen einig, sich neue Gemeindelasten abzuwehren; am wenigsten geneigt, für den Elementarunterricht der ärmsten Schichten der Bevölkerung namhafte Opfer zu bringen. Die Gesetzgebung mußte daher überall auf halbem Wege stehen bleiben, und an Stelle einer lebenskräftigen Selbstverwaltung entfaltet sich folgendes Bild der Verwirrung.

I. Die Schulbezirke wurden nicht durch Gesetz fixirt, sondern in dem vorgefundenen Zustand übernommen, dessen Verbesserung den Verwaltungsbehörden überlassen blieb. In England hatte die parallele Gesetzgebung über das Armenwesen die Kirchspiele (parishes) zur dauernden, legalen Grundlage des selfgovernment gemacht. In Preußen hatte sich die Volksschule zwar auch zuerst aus den Kirchenverbänden entwickelt: allein der Widerstreit der lutherischen, reformirten und katholischen Kirchen, machte es unmöglich, die kirchliche Parochie zur Grundlage des Schulwesens zu machen. Der Staat hatte vielmehr gerade diesen Antagonismus erst zu überwinden, und überall für das Bedürfniß der Minoritäten zu sorgen, die schon damals in vielen hundert Ortschaften neben der herrschenden Confession wohnten. Es kam dazu, daß in Tausenden von Kirchspielen selbst für die herrschende Confession das kirchliche und das Schulbedürfniß sich nicht deckten. Die größeren Parochien hatten besondere Dorfschulen für die Filialdörfer, welche aus besonderen Mitteln erhalten, ihr eigenes Gebäude, ihren eigenen Lehrer, auch wohl ihren eigenen „Schulpatron" zu haben pflegten. In den Stadtgemeinden umgekehrt griff die Einrichtung der Elementarschule über die vorhandenen Kirchspiele hinaus mit der stetigen Tendenz, das Schulwesen als Sache der Gesammt-Commune zu behandeln. — Es blieb also der Gesetzgebung vorläufig nur übrig, den Staatsbehörden eine administrative Formation der Schulverbände durch Trennung und Zusammenlegung nach Anhörung der betheiligten Gemeinden beizulegen. Für die Bezirksbildung treten daher die „Regierungsresolute" an Stelle der gesetzlichen Regel des Selfgovernment. Die Gesetzgebung konnte dafür nur wenige Gesichtspunkte geben. Das katholische Schulreglement für Schlesien v. 1765, § 12 (Regl. v. 1801, § 26 ff.) giebt die Regel, daß keine zur Schule gewiesene Gemeinde weiter als eine halbe Meile, (im Gebirge nicht weiter als eine Viertelmeile) abliegen dürfe. Das gesetzliche Regulativ für Neu-Vorpommern v. 1831 nimmt als die höchste zulässige Entfernung des Wohnorts der Kinder von der Schule eine halbe Meile an, und verbietet, daß einem Lehrer mehr als 100 Kinder zugewiesen werden. Das Schulgesetz für die Provinz Preußen v. 1845, §§ 50-54, 55-65 hält die Gesichtspunkte für das Verfahren der Regierungen bei Errichtung neuer, Trennung oder Vereinigung schon vorhandener Schulen wieder ganz allgemein, wenn eine „Ueberfüllung" eingetreten, wenn die Entfernungen „zu groß," die Schulwege beschwerlich oder gefahrvoll sind, wenn eine „hinreichende" Anzahl von Kindern, wenn überhaupt ein „Bedürfniß" vorhanden ist.

Diese Beweglichkeit der Schulbezirke, — die unter Einwirkung der Behörden jederzeit mögliche Neugruppirung der Hausväter zu Schulbezirken, — hat die Gerichte wie die Verwaltung, in eine gewisse Verlegenheit gebracht, welche rechtliche Auffassung diesen Schulgemeinden zu geben.

Augenscheinlich war die Schullast keine der altherkömmlichen Objekte der politischen und der Realgemeinde. Die Regierungsinstruction v. 23. Okt. 1817, § 18 Litt. K., aber hatte solche Verbände ausdrücklich als „Schulsocietäten" bezeichnet. Die Rechtsprechung erhielt dadurch eine Art von legalem Anhalt zu der Annahme, daß es sich hier um keine Communallast, sondern um eine eigenartige „Societätslast" derjenigen Mitglieder handle, welche die „Schulsocietät" bilden (v. Rönne, Preußisches Staatsrecht I$^{b.}$ S. 524.) In einem Rescr. des Unterrichtsministers v. 17. Sept. 1838 wird bemerkt, daß die Schulerhaltung eine „der Parochiallast ähnliche Societätsangelegenheit" bilde, und daß auch der Minister des Innern solche nicht als Communal-, sondern als Societätslast ansehe. In einem Rescript vom 8. Juni 1838 (Annalen XXII, 638) wird gesagt, daß es eine „persönliche Parochiallast" sei, und daß der Schulverband von dem Communalverband wohl zu unterscheiden und unabhängig sei, da er die Verpflichteten ohne Rücksicht auf ihre sonstige Stellung zur Commune oder Grundherrschaft treffe. — Trotz dieser Autoritäten blieb indessen der Begriff einer „Societät" und einer „Societätslast" doch dem Allg. Landrecht fremd, der Natur der Sache nicht angemessen und zu irrigen Folgerungen verleitend. Die privatrechtliche Ausbildung unseres Beamtenthums verkannte, daß jene durch die Gesetzgebung neu geschaffenen staatlichen Funktionen der Gemeinde gerade die zeitgemäße reifere Fortbildung darstellen, welche das selfgovernment (die Verwaltungsgemeinde) von der privatrechtlichen Idee der „Societät" und den deutschen Genossenschaften scheidet.

Im Verlauf der Zeit haben sich indessen immer mehr die praktischen Consequenzen geltend gemacht, welche über den Begriff der „Societät" hinausgehen. Der Plenarbeschluß des Ober-Tribunals vom 30. Juni 1853 erkennt die durch die Staatsbehörde eingerichtete, mit einem Vorstand versehene Schul-Societät oder Schul-Gemeinde als „Korporation" an. — Bei der Frage nach der Exemtion der Staatsbeamten von den Communalsteuern sind in den Entscheidungen der Verwaltungsbehörden die Schullasten nach den Grundsätzen der ordentlichen Communalabgaben behandelt worden. — Ebenso ist für ihre executivische Beitreibung das Princip der Communalabgaben in der K.-O. v. 19. Juni 1836 und der V.-O. v. 30. Juli 1853 maßgebend gewesen. — Der Competenz-Gerichtshof schließt den Rechtsweg gegen Festsetzungen der Aufsichtsbehörden über die Schullasten aus, weil die hier in Rede stehenden Leistungen für den Schullehrer „auf einer Linie mit den Communalbeiträgen stehen." (Erk. des Komp.-Gerichtshofes vom 29. Juni 1850). — Ausführlich spricht sich in diesem Sinne ein Rescript des Unterrichtsministers vom 24. April 1842 (Ministerial-Blatt 1842, S. 196) aus*) — Auf diesem bestrittenen Boden sind aber die sog. „Schulgemeinden" stehen geblieben bis heute.

II. Die Abmessung des periodischen Bedürfnisses der Volksschule konnte bei dieser Lage der Dinge endgültig nur dem Ermessen der Verwaltungsbehörde überlassen bleiben. Das englische Selfgovernment setzt große Kreisverbände (Grafschaften) vor-

*) „Das A. L.-R. hat die Schulen recht eigentlich als Communalanstalten angesehen; es hat sie nirgend als Anstalten besonderer Gesellschaften und Societäten bezeichnet, sondern als Institute, welche den Ort und die Gemeinde betreffen, für welche sie errichtet sind. Gerade hieraus sind die Bestimmungen der §§ 29 und 34. II. 12. A. L.-R. hervorgegangen, indem die aus dem Schulverbande hervorgehenden Pflichten nicht nach dem individuellen Vortheil, welchen der Einzelne von der Schule hat, sondern mit Rücksicht auf den gemeinsamen Vortheil Aller, nach Verhältniß der Kräfte des Einzelnen vertheilt sind. Ist es gleich richtig, daß der Umfang des Schulbezirks nicht überall mit dem Umfange der Dorfgemeinde zusammenfällt, daß vielmehr mitunter ein Dorf mehrere Schulen hat und mehrere Dörfer zu einer Schule gehören, so schließt doch der Umstand, daß irgend ein gemeinsames, aus dem öffentlichen gemeinsamen Leben hervorgehendes Bedürfniß, nicht alle einzelne Glieder der Kommune berührt, oder daß über den Umfang der Kommune hinaus auch Einzelne zur Befriedigung desselben beitragen, die ursprüngliche Eigenschaft als Kommunalsache nicht aus, obgleich sich dadurch das Maß der Beitragspflicht modificiren kann." (v. Rönne, Unterrichtsw. II. 801.)

aus, in welchen höher gebildete und nach den Gesetzen verantwortliche Beamte die obrigkeitlichen Lokalämter sammt und sonders verwalten. In solcher ständigen Verwaltung größern Stils bilden sich die weiteren Gesichtspunkte, denen die periodische Abmessung des Bedürfnisses der Schul-, Armen-, Wege-Polizeiverwaltung u. A. überlassen werden kann. Unseren 22,000 Dorfschulverbänden dagegen konnte nicht die endgültige Bestimmung über das Bedürfniß der Schullokale und der Lehrergehalte überlassen bleiben; denn die ländlichen Gemeindebeschlüsse gehen regelmäßig nur dahin, die Gemeindelasten nicht zu erhöhen. Fast das Gleiche gilt oft genug auch von den Gemeindeverwaltungen der kleinen Städte. Da nun aber für den Umfang eines großen Ländergebietes Normalsätze für Lehrergehalte, Schulgebäude und Schulbedürfnisse sich nicht aufstellen lassen, so blieb statt eines gesetzlich geregelten selfgovernment nur die administrative Einwirkung der Behörden als unentbehrlicher Regulator übrig. Bei der Reorganisation der preußischen Behörden wurde den Provinzial-Regierungen in ihrem Plenum und in ihrer Abtheilung für Kirchen- und Schulsachen die geeignete Gestalt gegeben, um solche Funktionen zu üben, und die Regierungs-Instruktion v. 23. Okt. 1817, § 18. specialisirt die Befugnisse der Regierungsabtheilung als „allgemeine Aufsicht, Regulirung des Schulgeldes, Prüfung und Bestätigung des Schul-Etats“ in so weiter Fassung, daß daraus eine allgemeine Befugniß zur Bemessung der Schulbedürfnisse hervorging.

In diesem Sinne autorisirte ein Rescr. des Unterrichtsministers v. 20. Mai 1834 die Provinzialbehörden unter Berufung auf die Abschnitte f. und k. des § 18. der Instr. v. 23. Okt. 1817. (Annal. Bd. XIX S. 396.) In noch umfassenderem Sinne hat das Ministerium v. Raumer durch Circ.-Rescr. v. 6. März 1852 die Provinzialregierungen aufgefordert, kraft ihres Aufsichtsrechts Schulgelder und Schulbeiträge in dem Maße zu erhöhen, daß den Lehrern ein genügendes Auskommen im Sinne der Verfassungs-Urkunde beschafft werde.*) Noch im laufenden Jahre hat ein Rescript der Unterrichtsverwaltung ausgesprochen, daß der von einer Provinzialregierung angenommene

*) „Mit Bezug darauf, daß nach § 9 des A. L.-R. II. 12 und § 18 Litt. d, e, f, g, k der Geschäfts-Instr. für die Regier. vom 23. Okt. 1817 die letzteren befugt seien, eine neue Regulirung der Gehaltsverhältnisse bei allen denjenigen Elementar-Schulen vorzunehmen, wo dies nach den Lokal-Verhältnissen erforderlich, sollen die Regier. damit vorgehen. Sie sollen kraft ihres Oberaufsichtsrechts bestimmen, **was** und **wie viel** zur Unterhaltung der Schule und ihres Lehrers nach den Lokalverhältnissen unerläßlich erforderlich ist.“

Minimalsatz für die Lehrergehalte keinesweges die Grenze bilde, über welche hinaus die Schulgemeinde zu Mehr-Leistungen nicht weiter verpflichtet wäre: „wo die Verpflichteten dagegen ohne wirkliche Ueberbürdung ein Mehres leisten können, sind sie auch dazu nachdrücklichst anzuhalten, da dem Bedürfnisse mit jenem Minimalsatze noch bei weitem nicht volle Genüge geschafft, geschweige etwa über dieselbe hinausgegangen wird."

In Ermangelung größerer Selbstverwaltungs-Körper ist die preußische Gesetzgebung über diesen Standpunkt auch bis heute noch nicht hinausgekommen und projektirt in ihren neuesten Entwürfen nicht Einrichtungen der Selbstverwaltung, sondern Gemeinde-Beschließungen unter fortlaufender Bestätigung und Correctur der Staatsaufsichtsbehörden.*) Es ist in der That nicht einzusehen, wie jemals über diesen Standpunkt hinaus zu kommen ist, so lange es an einem größeren, verantwortlichen, verwaltungsfähigen Körper des Selfgovernment für die Kreis- und Provinzialverbände fehlt.

III. Der Maßstab der Beiträge innerhalb der Schulgemeinde endlich blieb der unfertigste Theil des Systems der Schulgemeinden. Das A. L.-R. II. 12, — in der Unmöglichkeit, ein festes Steuersystem einzuführen, — hatte sich mit der obengedachten vorsichtigen Allgemeinheit begnügt:

§. 31. Die Beiträge, sie bestehen nun in Geld oder Naturalien, müssen unter die Hausväter nach Verhältniß ihrer Besitzungen und Nahrungen billig vertheilt und von der Gerichtsobrigkeit ausgeschrieben werden.

§. 33. Gutsherrschaften sind verpflichtet, ihre Unterthanen dabei (zeitweise) nach Nothdurft zu unterstützen.

*) Der Gesetzentwurf vom Juni 1819 hat an Stelle der gesetzlichen Fixirung des selfgovernment ebenso nur eine Generalvollmacht für die Verwaltungsbehörden in allerweitestem Umfang gesetzt: „Jede öffentliche allgemeine Schule und Erziehungsanstalt muß durch eine ihrem innern Zweck entsprechende äußere Ausstattung und Unterhaltung zu Erreichung desselben in den Stand gesetzt, und wo es daran gegenwärtig noch fehlt, soll mit Abhülfe des Bedürfnisses vorgeschritten werden, so wie nach Beurtheilung der dem Erziehungswesen vorstehenden Behörden die Möglichkeit eintritt, das nach diesem Gesetze und den Provinzial-Schulordnungen dazu Erforderliche zu leisten." Das Schulgesetz für die Provinz Preußen vom 11. Dezember 1845, § 17. wiederholt eine generalis clausula in gleichem Sinne. „Wo nach den örtlichen Verhältnissen eine Erhöhung des Lehrergehalts nothwendig und ausführbar ist, sind die Regierungen ermächtigt, die Gemeinden zu einer Erhöhung desselben zu veranlassen."

Auf das System der neuesten Gesetzentwürfe wird im folgenden Abschnitt zurückzukommen sein.

Um zu einem System des selfgovernment zu reifen, bedurfte es an dieser Stelle eines Ausführungsgesetzes für den ausgesprochenen Grundsatz. Ein specialisirtes Gesetz, wie die Schullast „nach Verhältniß der Besitzungen und Nahrungen" vertheilt werden solle, wäre für Preußen (wie in England die poor rate im Gesetz Elisabeths) das grundlegende „Communalsteuergesetz" geworden, welches uns fehlt, um zu einem System freier Selbstverwaltung zu gelangen.

Allein dieselben Hindernisse, welche die Redactoren des Landrechts zu jener Ausdrucksweise nöthigten, haben fortgedauert bis heute.

Etwas Allgemeingeltendes, was sich aus den Edicten des achtzehnten Jahrhunderts allenfalls generalisiren ließ, wurde nur für die Schulbauten (§. 34. 36.) ausgesprochen, zu denen Gutsherrschaften und Magistrate die an dem Ort der Schule gewonnenen oder gewachsenen Materialien unentgeltlich hergeben sollen. (Die Verpflichtung der Gutsherrschaft fällt indessen weg, wenn die vorhandenen Materialien zur Bestreitung der eigenen Bedürfnisse nicht ausreichen, Erk. d. Ob.-Trib. v. 25. Sept. 1837.) — Alles Weitere blieb den provinziellen Verordnungen überlassen, welche für Bauten und Heizungsmaterial vielfältig andere Vertheilungsmaßstäbe gaben, wie für die Lehrerbesoldungen. Das katholische Schulreglement für Schlesien v. 18. Mai 1801 belastet die Herrschaften mit $^1/_3$ des baaren Geldes und des Brennholzdeputats und mit einem nach der Ackerfläche zu repartirenden Getreidedeputat; der übrige Theil der Unterhaltungskosten wird auf die Stellenbesitzer gelegt, die unangesessenen Hausväter sind von allen Beiträgen freigelassen. In dem Landtagsabschied v. 22. Febr. 1829 wurde diese Beitragspflicht der Gutsherrschaften auch auf die evangelischen Landschulen ausgedehnt, mit der Maßgabe, daß die Gutsherrschaft zu dem Baargehalt und zu dem Brennholz-Deputat nur mit $^1/_4$ concurriren solle. In der Ober-Lausitz wurden durch V. O. v. 11. April 1846 die Bestimmungen des Allg. Landrechts für anwendbar erklärt, aber mit dem Vorbehalt, daß der Patron immer nur ein Drittel der baaren Geldbeiträge zu leisten habe. — Speciell für den Schulbau bestehen in den meisten Provinzen spezialisirte Beitragspflichten. Beispielsweise hat im Departement des ehemaligen Ober-Consistoriums zu Breslau der Kirchenpatron observanzmäßig doppelt soviel beizutragen wie jeder andere Grundbesitzer des Sprengels. Mancherlei zufällig Entstandenes erscheint in anderen Provinzen. Wo jede gesetzliche Norm fehlt, waren die Verwaltungsbehörden schließlich auf das System der „gemeinen Communalabgaben" verwiesen. Allein auch für diese hatte das A. L.-R. nur höchst subsidiäre Normen gegeben, welchen überall die localen „Dorfverfassungen“ vorgingen. Es wird sich im folgenden Abschnitt ergeben, wie mit dem „herkömmlichen“ Vertheilungsprinzip der Ortsgemeindelasten vollends nicht auszukommen war. Konnte aber von „Ortsobservanzen“ für die Schullast überhaupt die Rede sein? Es handelt sich dabei um eine durch die Gesetzgebung neu geschaffene, dem historischen Gemeindeleben völlig fremde Function des selfgovernment, bei welchem ein Zurückgehen auf „historische“ Verhältnisse keinen Sinn zu haben scheint. Das Ober-Tribunal hat daher im Gebiet des Allgemeinen Landrechts die Observanzen bei Schulhausbauten nicht anerkannt (Entscheidung v. 14. Okt. 1859,) während die Verwaltung auf Grund des § 19 II. 12. A. L.-R. sie noch beachten zu müssen glaubt.

Auf diesen Wegen ergaben sich denn allerdings sogenannte „provinzielle Eigenthümlichkeiten“, welche die Staatsregierung eine Zeit lang durch sorgfältige Redaction in Provinzialrechten zu conserviren suchte, während die laufende Verwaltung dem Nothstand der Gegenwart von Tag zu Tage mühsam abhelfen sollte. Seit dem Tode des Staatskanzlers v. Hardenberg galt die privatrechtliche Behandlung dieser Fragen als konservative Staatskunst. Trotz dieser Tendenz war die Verwirrung der Beitragsverhältnisse aber doch so weit gediehen, daß ein Rescr. v. 26. Februar 1844 (Min.-Bl. S. 82) im Allgemeinen den Maßstab der Klassensteuer empfahl.

In dem Schulgesetz für die Provinz Preußen v. 11. Dez. 1845 §§ 38—42 wurde endlich ausgesprochen, daß die Schulbedürfnisse in der Regel „ebenso wie die Communallasten“ aufgebracht werden. In der rheinischen Gemeindeordnung von 1845, § 86 werden die politischen Gemeinden im Allgemeinen verpflichtet, die von der Staatsbehörde festgesetzten Schullasten aufzubringen. Für alle übrigen Verhältnisse blieb nur eine allgemeine Vertröstung auf eine künftige „Landgemeindeordnung“, deren Projecte indessen Alles eher zu enthalten pflegten, als eine gesetzliche Regelung der Communalsteuern.

Das Gesammt-Resultat des Systems der Schulsocietäten ergiebt hiernach leicht erkennbar ein Auseinandergehen der beiden Hauptmassen der städtischen und ländlichen Schulgemeinden.

Die städtischen Schulsocietäten sind im Wesentlichen identisch mit der Stadtverwaltung im Geltungsgebiet unserer Städteordnungen: die 3149 städtischen Elementarschulen nach der Schulstatistik von 1864 bilden in der Regel nicht besondere Schulsocietäten, sondern fließen mit der allgemeinen Stadtverwaltung zusammen.

Ihnen gegenüber stehen die 21,971 Landschulen, welche in der Regel eine besondere ländliche Schulgemeinde repräsentiren.

Als entwickelungsfähig haben sich bisher aber nur die städtischen Schulverwaltungen erwiesen, deren verhältnißmäßig rascher Fortschritt schon an den Verhältnißzahlen der Schulstatistik pro 1861—64 sichtbar wird. Dies günstige Verhältniß beruht einerseits auf der größeren und wohlhabenderen Zusammensetzung der Stadtgemeinden, andererseits auf der Städteordnung von 1808 und deren Nachbildungen. Die Schulgemeinde blieb hier nicht isolirt wie auf dem Lande; sondern das System der Verwaltungsgemeinde erstreckte sich in der Regel auf die Gesammtverwaltung der Polizei durch den Bürgermeister, auf Verwaltung des Armenwesens, der Pflasterung, Erleuchtung, und fast auf alle sonstigen zur Selbstverwaltung geeigneten Angelegenheiten des Nachbarverbandes. Die lebendigen Bedürfnisse des städtischen Lebens durchbrachen das alte „Herkommen" der Gemeindeumlagen und führten fast überall zur Neuvertheilung der Lasten mit freilich sehr bunten Variationen. In den Magistraten und Schuldeputationen war ein verwaltungsfähiges Personal geschaffen, welches mit einer gewissen Selbständigkeit auch das Schulwesen zu handhaben wußte. Ueberall haben die Städteordnungen den Gemeinsinn geweckt, die persönliche Verwaltung zur Ehrenpflicht erhoben, durch die Oeffentlichkeit der Verhandlungen, durch die gewohnheitsmäßige Mitthätigkeit der Stadtverordneten den Gesichtskreis der Gemeindebeschlüsse erweitert.*) Die städtischen Verwaltungen bilden damit eine

*) Ein practisch umsichtiger Kenner unseres Volksschulwesens giebt darüber folgendes Zeugniß: „Mag von den Stadtverordneten dieser oder jener ärmlichen und vom regen Verkehr abgelegenen Kleinstadt auch bis auf die Gegenwart noch nicht das Erforderliche geleistet d. h. gewährt worden sein, was zur gehörigen Schulausstattung und Ausgestaltung gehört: seit den 50 Jahren ihres Bestehens ist das Schulwesen der Städte in Preußen zu einer Entwickelung und Ausstattung gediehen, gegen welche alles Frühere gering erscheinen muß und die zu erfreulichem Gedeihen die sicherste Aussicht bietet." (Thilo, Volksschulwesen S. 79.) — Der gute Wille der Stadtverwaltungen ist indessen vielfach gehemmt worden durch das dem Allgemeinen Landrecht widersprechende System, die Elementarschulen in evangelische, katholische und jüdische auseinander zu reißen, und dadurch in den kleineren Städten, welche eine gute mehrklassige Elementarschule bilden können und wollen, zwei oder drei kümmerlich ausgestattete Sonderschulen zu bilden. Diese Verwaltungspraxis, welche auch für die Entstehung wirklicher Mittelschulen ein Hinderniß bildet,

communale Welt für sich, in welcher die vom Allg. Landrecht formirten „Schulgemeinden" im Wesentlichen aufgehen. In den Städten lebt kaum noch eine Erinnerung daran, daß dieser Theil der Stadtverwaltung eine gesetzliche Grundlage für sich, unabhängig von den Städteordnungen gehabt hat. Es sind nur die Ansprüche der Staatsaufsicht, welche von Zeit zu Zeit daran erinnern, daß die städtische Schulverwaltung aus den Schulgemeinden des Allg. Landrechts hervorgegangen ist.

Das Gegenbild der Entwickelungsunfähigkeit stellen nun aber ebenso bestimmt die ländlichen Schulsocietäten dar. Schon der dreijährige Zeitraum der Schulstatistik von 1862/64 ergiebt, wie unverhältnißmäßig — weit über die Proportionszahlen der Bevölkerung hinaus — die städtischen Schulen vorwärts gehen, die ländlichen zurückbleiben. Die Zunahme der gedachten drei Jahre beträgt (bei einer Bevölkerungszunahme von etwa 4 pCt.) in den Hauptfactoren:

der Schulen 7,3 pCt. in den Städten,
0,6 pCt. auf dem Lande;
der Klassen 9,6 pCt. in den Städten,
1,0 pCt. auf dem Lande;
der Lehrer 7,9 pCt. in den Städten,
1,9 pCt. auf dem Lande;
der Lehrerinnen 13,9 pCt. in den Städten,
16,3 pCt. auf dem Lande;
der Lehrerbesoldungen 13,5 pCt. in den Städten,
4,4 pCt. auf dem Lande;
der Schulgelder 14,6 pCt. in den Städten,
3,5 pCt. auf dem Lande.

Im Ganzen wie im Einzelnen erscheint hier das Bild des Stillstandes und eine Ungleichheit der Verhältnisse, welche in den kleinsten Bezirken noch immer das Bild der Verkümmerung darstellt.

Die unheilbare Krankheit der ländlichen Schulgemeinden ist ihre lebensunfähige Kleinheit. Nur die äußerste Dürftigkeit der Anforderungen an die Elementarschule im XVIII. Jahr-

hat in der Provinz Posen begonnen und ist dort nächster Gegenstand der Klagen practischer Schulmänner. Die daraus hervorgehenden Mißstände werden aber mit den fortschreitenden Wirkungen der Freizügigkeit und mit der zunehmenden Mischung der Confessionen in allen Städten immer fühlbarer. Ihre Wirkungen erstrecken sich auch auf die höheren Bürgerschulen, Realschulen und Gymnasien. Für die Beseitigung dieser Mißstände kommt es nur auf Herstellung einer Rechtscontrolle gegen die nicht legalen Grundsätze der heutigen Schulverwaltung an (vergl. Gneist, die Confessionelle Schule 1869).

hundert konnte den Irrthum erzeugen, als ob für dasselbe Territorium, welches einer Dorfschule bedarf, auch eine Verwaltungsgemeinde zur Selbsterhaltung und Selbstverwaltung einer Schule gebildet werden könne. Auch bei der geringsten Dichtigkeit der Bevölkerung muß eine besondere Landschule auf einem verhältnißmäßig kleinen Raume vorhanden sein. Als Grenze der Ausdehnung haben, wie bemerkt, die älteren Schulgesetze den Maßstab angenommen, daß die Schulkinder nicht über eine halbe Meile Weges, resp. $^1/_4$ Meile, zur Dorfschule haben sollen. Auch bei verbesserten Wegen werden schon unsere klimatischen Verhältnisse ein Weiteres nicht zulassen. Das regelmäßige Gebiet einer Landschule bleibt demnach ein Amtsdorf oder ein gutsherrliches Dorf, dem sich nur noch Vorwerke, Etablissements und andere Splitter ländlichen Gemeindelebens zulegen lassen. In Folge solcher kleinen Combinationen haben sich unsere mehr als 30,000 Dorfgemeinden bisher auf etwa 22,000 Schulgemeinden reducirt. Im Durchschnitt des ganzen Staats befinden sich zur Zeit fünf öffentliche Elementarschulen auf je einer Quadratmeile: in den Provinzen Preußen, Posen, Brandenburg je vier; in Pommern, Schlesien, Westphalen je fünf; in der Provinz Sachsen je sechs; in der Rheinprovinz je acht. Das Bedürfniß wird an vielen Orten eine weitere Theilung fordern; fast nirgends werden die vorhandenen Schulbezirke durch Zulegung einer wohlhabenden Nachbarschaft zu erweitern sein. Die gegenwärtige Durchschnittszahl ergiebt 600 Einwohner auf eine Dorfschule; die Durchschnittszahl der Kinder variirt von 56 (R.=B. Stralsund) bis 108 (R.=B. Oppeln).

Die in diesem räumlichen Maß sich zusammenfindenden Bevölkerungen besitzen aber die Fähigkeit, eine Schule zu bauen, auszustatten, zu erhalten, den Lehrer zu besolden in allerungleichstem Maße. Am gleichmäßigsten wäre die Fähigkeit etwa in wohlhabenden Bauerdörfern zu suchen, obwohl auch hier durch Parzellirung und Vereinigung von Bauergütern die alte Basis der Gemeindelasten sich ändert und unsicher wird. Vollkommen klar ist es aber, daß unsere arme Tagelöhnergemeinde für sich keinen Schullehrer besolden, kein Schulgebäude bauen, keine Schule ausstatten kann, und ebensowenig ist der Gutsherr anstatt der Gemeinde dazu verpflichtet. Die ehemalige Gutsherrschaft hat allerdings, wie oben bemerkt, oft noch einen hervorragenden Antheil an der Besoldung des Lehrers, noch häufiger an den Schulbauten. Allein soweit diese Verpflichtungen auf dem ehemaligen Verhältniß der „Gutsunterthänigkeit" beruhen, haben sie mit dieser ihre Grundlage verloren. Ihre Beibehaltung ist inconsequent, jede Erhöhung auf dieser Basis nicht zu rechtfertigen. Ein anderer Theil der gutsherrlichen Beiträge aus dem „Kirchenpatronat" hat sich in jener Zeit gebildet, als die Dorfschule noch ein Anhang der Kirche und des kirchlichen Personals war. Nachdem aber jene Verbindung durch die Gesetzgebung gelöst worden, ist der ganze Begriff eines „Schulpatronats" ohne Fundament in den allgemeinen Landesgesetzen, und jede Fortbildung dieser Art von gutsherrlicher Belastung nicht zu rechtfertigen. Der innere Widerspruch der Verhältnisse ist so groß, daß weder die Gerichte noch die Verwaltungsbehörden einen Grundsatz für die Stellung des „Gutsherrn" zu finden vermögen. Den Gutsherrn, welcher außerhalb des Orts der Schule seinen Wohnsitz hat, rechnet das Ober-Tribunal noch zu den „Hausvätern," welche nach Allg. Landr. II 12. §. 29. ff. zu den Schullasten nach Maßgabe ihres „Besitzstandes" heranzuziehen seien. Für den am Schulort selbst wohnenden Gutsherrn wird die Qualität als „Hausvater", und damit eine entsprechende Beitragspflicht negirt! In der Provinz Posen wurde nach einer Verordnung der Erziehungsstube zu Warschau vom 12. Januar 1808 den Gutsherrschaften längere Zeit ein erheblicher Beitrag zu den Schulen auferlegt, später aber wieder beseitigt, da man annahm, daß die Einführung des Allg. Landrechts jene Specialverordnung beseitigt habe. In der Provinz Sachsen wurde der durch fremdherrliche Gesetzgebung eingeführte Beitrag der Gutsherrschaften zur Dorfschule durch Gesetz wieder beseitigt. Wohl in jeder Provinz besteht irgend eine Eigenthümlichkeit d. h. Verkehrtheit in der Stellung des sog. Gutsherrn zur Schule. — Wann wird endlich die Zeit kommen, um der Wahrheit die Ehre zu geben, daß der große Grundbesitz nicht mehr und nicht weniger als das allgemeine Interesse des erwerbenden Besitzes hat, seinen Tagelöhnern, wie allen wirthschaftlich von ihm abhängenden Arbeitsnehmern eine geordnete Hauswirthschaft und Kindererziehung zu erleichtern? Dies Interesse an dem durch die Schule zur Arbeit und Gesittung herangezogenen Arbeiterpersonal soll sich in dem Nachbarverband zu einer wichtigen communalen Pflicht erheben, welche der Staat anzuerkennen und gegen einen kurzsichtigen Egoismus gesetzlich zu erzwingen hat. Dieser Gesichtspunkt trifft aber nicht blos den Grundbesitz in Gestalt der ehemaligen „Gutsherrschaften," sondern jeden größeren Besitz, jede Gewerbs- und Fabrikanlage, jedes Etablissement, jeden Hausstand, welcher arbeitende Kräfte im kleineren oder größeren Nachbarverbande beschäftigt.

Man wolle nur in ein oder zwei unserer Kreise die Territorial-

Ausschnitte von etwa 1/3 bis 1/6 Quadratmeile, auf welchen sich unsere ländlichen Schulgemeinden befinden, genauer untersuchen, und sich fragen, ob es zulässig ist, den so gruppirten Bevölkerungen auf ärmlichem Boden, — der Hauptmasse nach oft nur Büdnern und Tagelöhnern, ohne weitere Erwerbsquellen, — die Erhaltung einer Elementarschule nach einem und demselben Maßstabe zur Last zu legen? Sollen diese armseligen Gruppen von etwa 300—600 Köpfen auf Haideland und Forstrevier gleiche Schulhäuser bauen und gleiche Lehrergehalte zahlen, wie die Nachbarbezirke, welche auf Wiesen und Marschboden, mit reichlichen Erwerbsquellen aus Gewerbe und Industrie, vielleicht das zehnfache an wirthschaftlichen Kräften besitzen? Wie ist diese territoriale Zersplitterung der Schullast länger vereinbar mit der unwiderstehlichen Bewegung einer freizügigen Bevölkerung in so kleinlichen Raumverhältnissen? Die Unmöglichkeit, eine Armenverwaltung und ein Armenniederlassungsrecht in diesen zwerghaften Dimensionen fortzuführen, gilt in sehr verstärktem Maße von der Schulerhaltungslast; denn es ist weder thatsächlich noch rechtlich zulässig, die Bildung und das Gehalt des Volksschullehrers nach der Leistungsfähigkeit solcher territorialen Fragmente abzumessen.

Derselbe Grundschade hindert jede Fortentwickelung der ländlichen Schulgemeinden auch von der Seite der persönlichen Verwaltung aus. Diese Kleinlichkeit der Verhältnisse ist der zuletzt entscheidende Grund, aus welchem trotz aller Anläufe weder für unsere Dorfordnungen noch für das ländliche Schulzenamt eine lebensfähige Fortbildung sichtbar wird. Auch unsere Versuche der Mittelbildung sind nicht glücklich gewesen. Die in Westphalen versuchten Amtsbezirke und Ehrenamtmänner sind unter büreaukratischen Umgebungen fast wieder verkümmert. Die rheinischen Bürgermeistereien haben zwar eine geregelte Localverwaltung, aber ausnehmend wenig von dem Geist des selfgovernment erzeugt. Die für die Dorfschulen gebildeten Ortsschulvorstände aber haben weder für die Hebung der Schule, noch für die Belebung des Communalsinns irgendwo Nennenswerthes geleistet.

Man wolle sich nicht darüber täuschen, daß diese „Schulsocietäten“ trotz eines richtigen Princips zu keinem System der Selbstverwaltung führen, daß damit nicht ein Schritt weiter zu einer Selbstverwaltung gemacht ist. Noch heute sind hier keine festen gesetzlichen Bezirke vorhanden, sondern die Combination erfolgt durch die Staatsaufsichtsbehörden. Noch immer ist hier keine communale Selbstbestimmung des Bedarfs, vielmehr bestimmt die Aufsichtsbehörde, was die Schule zur Zeit bedarf. Nach immer fehlt ein gesetzlicher Steuerfuß, sondern zuletzt bestimmen die Verwaltungsbehörden die Repartition der Schullast unter die „Hausväter." Es giebt noch immer keinen Rechtsweg über die Streitigkeiten wegen Vertheilung der Schullast nach allgemeinen und provinziellen Gesetzen, und es kann keinen Rechtsweg dafür geben, weil bei der vorhandenen Lage der Dinge das stetige Eingreifen der Verwaltung unentbehrlich ist, um für die periodische Erhöhung der Lehrergehalte, und für die bauliche Unterhaltung der Landschulen zu sorgen, — weil ohne dies Eingreifen unsere Landschulen vollends verkümmern würden. Das Ges. vom 24. Mai 1861 gewährt zwar den Rechtsweg bei Streitigkeiten über Ortsobservanzen; aber dieser Rechtsweg ist illusorisch, da die Aufsichtsbehörde jede Ortsobservanz durch neue Vertheilung der Schullasten außer Kraft setzen kann, — und muß, um nicht die Landschulen verkümmern zu lassen.

Das lebendige Bedürfniß der Volksschule geht über diese ländlichen Schulsocietäten nun einmal hinaus. Es ist unmöglich, auf dem Boden der kleinen, armen Schulgemeinde bei dünner Bevölkerung und spärlichen Erwerbsquellen die Erhaltung der Schule nach dem jetzigen Maßstabe zu sichern, geschweige denn zu beschaffen, was nöthig ist für die Zukunft. Diese patriarchalische Maschinerie mag allenfalls noch 25 bis 50 Thaler Zulage für einen Landschullehrer herausbringen; was aber mit dieser Compresse überhaupt herauszubringen ist, wird jetzt wohl herausgebracht sein. Ein weiterer gesicherter Fortschritt des Volksschulwesens erscheint nicht mehr ausführbar auf dem streitigen, zweideutigen Boden der bisherigen Schulsocietäten des platten Landes, sondern nur auf dem Boden allseits anerkannter gesetzlicher Communalverfassungen und Communalsteuerpflichten.

V.

Warum es mit den Landgemeindeordnungen und dem bisherigen System der Gemeindelasten nicht geht?

Ist das an sich richtige Princip der Schulgemeinden an der Kleinheit der Bezirke und an der halben Ausführung der gesetzlichen Regel gescheitert: so folgt, daß man größere Gemeindekörper bilden und die gesetzliche Regel ganz ausführen muß.

Haben sich unsere städtischen Verfassungen in ihrem größeren Maßstab und fortgeschrittenem Steuerwesen als lebensfähig erwiesen: so wird man die an den Städteordnungen gemachten Erfahrungen auf unsere Kreisverbände und ländliche Gemeindelasten anzuwenden haben.

Für die Richtigkeit dieser Schlußfolgerung hat es wohl niemals an der Einsicht gefehlt, sondern nur an dem Willen.

Die Unfertigkeit der Schulgemeindebezirke entspricht eben den Interessen der besitzenden Klassen, welche zur Uebernahme der Lasten des nächsten Nachbarverbandes immer an letzter Stelle geneigt sind.

Die unfertige Abmessung des Bedürfnisses der Volksschule entspricht dem Zuge der Interessen, welcher lieber den Schein einer Autonomie unter staatlicher Vormundschaft bewahrt, ehe er sich gesetzlichen Regeln ein für allemal unterwirft.

Die Unfertigkeit des Vertheilungsmaßstabs entspricht der gesellschaftlichen Neigung, lieber den Schein einer communalen Beschließung und Geldbewilligung unter staatlicher Bevormundung zu bewahren, als eine gesetzliche Steuerregel anzunehmen.

Diese socialen Grundneigungen haben das System der französischen Communalverfassung von unten auf gebaut, — jenes Scheinsystem von beschließenden conseils unter einer realen Präfektenverwaltung, — ein System, in welchem die Selbständigkeit und das Wesen des selfgovernment wie ein Spottbild erscheint. Die Gesellschaft hat sich aber längst dahin geeinigt, auch das eine „Selbstverwaltung“ zu nennen.

Aus solchen gewohnheitsmäßigen Anschauungen heraus kommt die Gesetzgebung nicht vorwärts, sondern rückwärts. Anstatt die Schulgemeinden zu vergrößern, werden sie verkleinert; anstatt zu dem Ausführungsgesetz über die Schullast zu kommen, klammert man sich an das „locale Herkommen“ in kleinstem Maßstab.

Die preußische Staatsverwaltung aber hat nach dem gewaltigen Aufschwung der Jahre 1808—15 dieser Grundrichtung keinen ernsten Widerstand mehr geleistet; später unter der persönlichen Leitung König Friedrich Wilhelms IV. solche sogar zum Staatssystem erhoben. Es entsteht dadurch folgender Kreislauf unserer Gesetzentwürfe.

Der Gesetzentwurf vom Juni 1819 behält die Grundlage der Dorfgemeinden und Gutsbezirken bei, und will die Schullast auf „alles ländliche Grundeigenthum ohne Unterschied der Besitzer“ vertheilen nach dem Maßstab ihres Grundbesitzes, ihres Einkommens oder Erwerbs, sei es durch Geld oder Naturalien oder Dienste. (Aktenstücke S. 32, 40, 41.)

Die Provinzialschulordnung für Preußen von 1845 §§ 38—42 will die Schulbedürfnisse der Dorfgemeinde in der Regel „ebenso wie die Communallasten“ aufbringen; ist dazu eine besondere Communalumlage erforderlich, so erfolgt die Vertheilung nach dem Maßstab der Grund- und Classensteuerbeiträge. — Dieselbe Bestimmung wurde in die Gesetzentwürfe für die übrigen Provinzen aufgenommen.

In den Verhandlungen der Jahre 1849—1850 wurde zunächst anerkannt, daß die Beschaffung der Kosten für das Schulwesen „in derselben Weise wie für die übrigen Communalbedürfnisse“ aus innern Gründen gerechtfertigt sei (Erläuterungen des Ministers v. Ladenberg 1849, v. Rönne Unterr. I 229). In den Gesetzentwurf wurde demgemäß aufgenommen, daß die für die Volksschule erforderlichen Mittel „bei den übrigen Gemeindebedürfnissen“ aufgebracht werden (Aktenstücke 165).

Der von Bethmann-Hollweg'sche Entwurf erklärt vorweg, daß das landrechtliche Princip der Schulsocietäten aufzugeben, die bürgerliche Gemeinde zur Trägerin der äußern Existenz der Schulgemeinde zu machen sei (Aktenstücke 195. 234). Demgemäß soll die Schulunterhaltung von der Gemeinde „mit den andern Communallasten“ aufgebracht werden (Aktenstücke 207). In den selbstständigen Gutsbezirken werden die in den Provinzialgesetzen und im A. L.-R. II. 12. §§ 33—36 vorkommenden Sonderverpflichtungen der Gutsherrschaft aufgegeben; in Zukunft solle die Hälfte der Gesammtkosten nach dem Maßstab der Staatsgrund- und Gewerbesteuer, die andere Hälfte nach der Zahl der Haushaltungen aufgebracht werden (Aktenstücke 207. 235. 243).

Die neuesten im Jahre 1867 und 1868 vorgelegten Gesetzentwürfe erkennen nochmals das „Communalprincip" als das richtige an. „Dasselbe steigert erfahrungsmäßig und nach der Natur oder Sache die Leistungsfähigkeit der Schulbezirke; es gewährt die Möglichkeit eines durchaus billigen, den Nutzen von der gemeinsamen Anstalt entsprechenden Vertheilungs-Maßstabs für den Fall, daß mehre Gemeinden resp. Gutsbezirke zu einer Schule gehören, und in jeder einzelnen Gemeinde ist es allein und am besten im Stande, den besonderen örtlichen und herkömmlichen Verhältnissen die erforderliche Berücksichtigung zu sichern".*)

Alle so projektirte Gesetze leiden an den gleichen Mängeln, daß sie

1. die bäuerliche Dorfgemeinde und den Gutsbezirk als Grundlage der Schulerhaltung beibehalten;

2. daß sie die Verbindung dieser Elemente zu einem Schulverband den Verwaltungsbehörden überlassen;

3. daß sie als principalen Maßstab die hergebrachten Gemeindeumlagen voraussetzen, und nur ergänzend ein Grund- und Einkommensteuersystem eintreten lassen wollen.

Hätten die Urheber jener Gesetzentwürfe ein Bild der Gemeindegesetzgebung vor Augen gehabt, wie sie in England seit der Reformbill unter dem zwingenden Einfluß der heutigen Erwerbsgesellschaft geworden ist, so würden sie sich überzeugt haben, daß

---

*) Aus ungenügenden Gründen wird indessen eine ausnahmsweise Anwendung des sogenannten Societätsprincips vorbehalten, da dasselbe (mit Ausnahme der Provinzen Preußen und Rheinland) „sich in diesen Gegenden so tief in die gegebenen sozialen, lokalen und confessionellen Verhältnisse eingelebt habe, daß nur eine zwingende Nothwendigkeit am einzelnen Orte es rechtfertigen könne davon abzugehen." — „Denn nicht allein, daß Schulbedürfnisse auch da vorkommen und befriedigt werden müssen, wo keine bürgerlichen Gemeinden vorhanden sind, sondern es haben sich auch, namentlich in Gegenden konfessionell-gemischter Bevölkerung, die Verhältnisse nicht selten thatsächlich so entwickelt, daß eine Zerreißung der vorhandenen, durch verschiedene Gemeinden durchgreifende Schul-Verbände und eine Uebertragung ihrer Leistungen unmittelbar auf die bürgerlichen Gemeinden nicht eine Stärkung, sondern eine sehr bedenkliche Erschütterung des gegenwärtigen Bestandes des Schulwesens zur Folge haben müßte. Eine allgemein anwendbare Basis für die Regelung der Unterhaltungspflicht bietet hiernach in Berücksichtigung der gegebenen Verhältnisse nur der Begriff des Schulbezirks." — Unverkennbar ist es die Vorliebe für die durch die neuere Verwaltung geschaffene Confessionstrennung von besonderen katholischen, evangelischen und jüdischen Schulen für denselben Gemeindeverband, der diese Ausnahme veranlaßt. Die für die Volksschule verwirrenden Folgerungen, welche aus § 30 A. L.-R. II. 12 gezogen worden sind, ergeben aber, wie weittragend Ausnahmen der Art für ein staatliches System der Schulverwaltung werden.

alle auf dem Boden von „Dorfgemeinden" und Gutsbezirken projectirten Einrichtungen des selfgovernment unter dem Einfluß der Gewerbefreiheit und Freizügigkeit, in dem Gesammtsystem der heutigen Erwerbsgesellschaft, practisch unmöglich sind. Die alte vollentwickelte Kirchspielsverfassung zeigt sich in den kraftvollen Umgebungen des englischen selfgovernment nicht mehr haltbar, und geht trotz alles Widerstrebens in die Formation von größeren Kreisverbänden auf. Um wie viel weniger wird man daran denken können, aus den zwerghaften Elementen der Dorfschaft und des Gutsbezirks heute noch eine Landgemeindeordnung aufzubauen. — Aber auch ohne diese Erfahrungen einer fremden Gesetzgebung liegen die wirthschaftlichen und staatlichen Factoren unseres Schulwesens offenkundig genug vor, um die Gegenwart aus Fantasiegebilden derart aufzurütteln, und um das alte Nebelbild einer „allgemeinen Landgemeindeordnung" aufzulösen.

Die deutsche Philosophie der „Selbstverwaltung" setzt voraus, daß auf dem platten Lande „Gemeindeverbände" schon vorhanden seien, welchen man nur die nöthigen Berechtigungen und die nöthige Selbständigkeit zu verleihen brauche, um eine „Selbstverwaltung" nach bewährten Mustern in Gang zu bringen. Sobald nur die Politiker von Fach die richtige Gemeindeordnung, sobald die Pädagogen von Fach das richtige Unterrichtssystem festgestellt haben würden, werde sich der „Kostenpunkt" und alles Uebrige durch die Beschlüsse der Gemeindeversammlungen — natürlich unter der nöthigen Staatsaufsicht — von selbst finden.

Diese Voraussetzungen möchten theilweise zutreffen für einige hundert sehr große Landgemeinden, welche durch Fabrikanlagen und besondere Erwerbsquellen zu großer Wohlhabenheit aufgewachsen, die Vorbedingungungen einer Stadtverfassung besser erfüllen als viele hundert unserer kleinen sog. „Stadtgemeinden". Für den Gesammtdurchschnitt unserer ländlichen Verhältnisse sind aber jene Voraussetzungen nicht vorhanden.

Unter dem Namen von Landgemeinden bestehen auf den Flurkarten der acht älteren Provinzen nach verschiedenartiger Berechnung 30,000—45,000 Amts- oder Bauerdörfer, herrschaftliche Dörfer, selbstständige Gutsbezirke, Vorwerke, Colonien, Etablissements, welche (inclus. der Städte) zu etwa 9500 Pfarrsystemen, und zu etwa 22,000 ländlichen Schulgemeinden vereinigt sind, mit denen sich dann wieder die Bezirke der Ortspolizeiverwaltung durchkreuzen. Diese sogenannten „Gemeinden" sind Splitter einer älteren Ordnung, in welcher einst das Feudalwesen, ergänzt durch die Corporationsverfassung der Städte und der Kirche, die staatlichen Funktionen nach den Bedürfnissen seiner Zeit erfüllte. Der deutsche Bildungsgang unterschied sich aber von dem englischen und französischen dadurch, daß bei uns das Feudalwesen weniger gewaltsam und durchgreifend eindrang, daß vielmehr in langsamem, gewohnheitsrechtlichem Entwickelungsgange stets die Reste einer älteren Ordnung stehen blieben, sich mit der späteren durchkreuzten, und in einer Deutschland eigenthümlichen Zerbröckelung bis zum kleinsten Maßstab herab sich neben einander schichteten.

Inzwischen sind seit Jahrhunderten die staatlichen Aufgaben auf die größeren Territorien, und in diesen auf ein geschlossenes Beamtenthum übergegangen. Der moderne Staat konnte sein zeitgemäßes Militair-, Gerichts-, Polizei- und Finanzwesen nur auf Kosten der landschaftlichen, städtischen und kleineren Gemeindeverbände durchführen, so, daß er die letzteren in eine subalterne, nahezu privatisirende Stellung herabsetzte.

In dieser neuen Ordnung der Dinge blieben auf dem platten Lande größere Landgüter und kleinere rusticale Genossenschaften stehen, welche für wirthschaftliche Zwecke und durch hergebrachte örtliche Lasten, überhaupt durch kleine unmittelbar gemeinsame Interessen zusammengehalten wurden. Bis in den Anfang des neunzehnten Jahrhunderts beruhten solche auf einer zwiespältigen Verfassung, — entweder Dorf- oder Hofverfassung.

Die genossenschaftliche Dorfverfassung bildete eine ländliche Pairie von angesessenen Bauern unter einem selbstgewählten oder vom Landesherrn eingesetzten Schulzen. Das in den Städten voll entwickelte Princip der bürgerlichen Gemeinde war hier in kleinerem Maßstab zur Geltung gekommen. Die Macht des großen Nachbarbesitzes hatte jedoch unter den schweren Wechselfällen der Kriege und der Zeiten fast überall die freie Bauergemeinde unter obrigkeitliche Gewalten des großen Grundbesitzes und andere Abhängigkeitsverhältnisse gebracht, welche sie den Hofverfassungen vielfach gleich stellten.

Die Hofverfassung andererseits bildete „Gutsbezirke", deren Einsassen von Hause aus in dinglicher und persönlicher Abhängigkeit von einem Grundherrn standen. Das System der Leibeigenschaft, auch in der ermäßigten Gestalt der „Unterthänigkeit", und die Erwerbsverhältnisse hielten die Masse der Bevölkerung an die Scholle gebunden, und diese Gebundenheit war es, welche die geistige und wirthschaftliche Entwickelung der Nation mit einem Alpdruck belastete. Sie war der ntscheidende Grund, aus welchem alle Bestrebungen zur Hebung der

Volksschule an dem dumpfen und störrigen Sinne der ländlichen Bevölkerung scheiterten.

An dieser Stelle hat die Stein-Hardenbergische Gesetzgebung in der That das Erlösungswort gesprochen: „seit dem Martinitage 1810 giebt es in Preußen nur noch freie Leute.“ Die wirthschaftliche, die privatrechtliche und die staatliche Befreiung knüpfen sich in stetiger Entwickelung an diesen entscheidenden Act: aber der Natur der Sache nach konnte diese Fortbildung nur langsam vorrücken.

Der Buchstabe des Gesetzes konnte nicht unmittelbar die wirthschaftlichen Unterschiede ändern, welche nun einmal vorhanden waren. Es blieben in den östlichen Provinzen in großen, zum Theil compacten Massen, die gutsherrlichen Besitzungen, die mit ihren Beamten, Gesinde und Zubehör den Bauerschaften gegenüber immer noch eine andere communale Welt darstellten, — in einer Sonderstellung, deren Unzuträglichkeiten nur darum weniger empfunden wurden, weil der Gutsherr vorläufig noch die Gerichtsbarkeit und die Polizei über den Gesammtbezirk behielt, und die Staatsverwaltung rücksichtlich der Schule, des Armenwesens, der Militairaushebungen 2c. die ungleichartigen Körper meistens als zusammengehörig behandelte.

Die so aneinandergerückten, innerlich widerstrebenden Elemente leiden als Communen an drei unheilbaren Mängeln,

1) sie sind zu klein für alle heutigen Zwecke einer Selbstverwaltung;

2) sie sind zu ungleichartig für ein System von Aemtern der Selbstverwaltung;

3) sie entbehren des durchgreifenden Steuerfußes, ohne welchen jede Selbstverwaltung unausführbar bleibt.

Man konnte sich über diese untrennbar ineinandergreifenden Mängel täuschen, so lange der absolute Staat dem Gemeindeleben eine nur passive Stellung zuwies. Sobald aber an eine communale Selbständigkeit der Polizeiverwaltung, der Steuereinschätzung, des Armenwesens, Wegebaues, der Kirche, Schule, kurz sobald an ein wirkliches selfgovernment innerhalb der heutigen Staatsordnung gedacht wird, bleibt die Masse dieser Gemeindefragmente entwickelungsunfähig, so lange wir uns nicht zu erweiterten Gesichtspunkten zu entschließen vermögen.

Die jetzige Gestaltung der Kreis- und Ortsgemeindebezirke giebt Dr. Meitzen (Der Boden und die landwirthschaftlichen Verhältnisse des Preußischen Staats, Berlin 1868, S. 65. 66.) in folgender Tabelle:

Provinzen	L.= u. St.=Kreise	Städte	Landgemeinden	Gutsbezirke
Preußen . . .	57	121	7767	4089
Pommern. . .	27	72	2312	2362
Posen.	27	142	3553	2075
Brandenburg	33	138	3285	1911
Schlesien . . .	59	144	5691	3923
Sachsen. . . .	41	144	2982	1243
Westphalen . .	35	100	1531	—
Rheinprovinz	64	133	3132	—
	343	994	30,253	15,603

Nach Abzug der 16 großen Städte, welche einen Kreis für sich bilden, handelt es sich für die Gegenwart um Organisation der 327 Landrathskreise mit ihren Dorf= und Gutsbezirken.

Seit länger als einem halben Jahrhundert hat sich die deutsche Politik mit dem englischen Selfgovernment als einem dafür bewährten Muster vertraut gemacht: aber es war vergeblich, den Zeitgenossen klar zu machen, daß das so lange bewunderte System einen ganz andern Maßstab voraussetzt als den unseres feudalen Partikularismus; daß es auch nicht auf Kirchspiele, sondern der Anlage nach auf Kreisverbände fundirt ist, ja daß die englische Grafschaft (county) noch erheblich größer formirt ist als unser Kreisverband.

Wir haben heute das Gefühl, daß das deutsche Kleinstaatenthum stetig dahin gewirkt hat, unsere Anschauungen vom Staate klein und engherzig zu machen. Es fehlt aber noch das consequente Weitergehen: das Anerkenntniß, daß das Kleingemeindewesen uns noch tiefer in den Gliedern liegt, als das Kleinstaatenthum, und daß dies das entscheidende Hinderniß für jedes Fortschreiten der inneren Verwaltung geworden ist. Alles in sich Unklare und Widersprechende, was sich unter dem Namen „Selbstverwaltung" zusammenfindet, hat schon dieses Maßstabs wegen mit dem englischen selfgovernment wenig oder nichts gemein, obgleich man sich allerseits darauf als auf ein „bewährtes Verhältniß" zu berufen pflegt. Der Grund des Mißlingens aller Bestrebungen in dieser Richtung, der Verbildung unserer Geschworenenverfassung, der Vernachlässigung unseres Landwehrsystems, der zähen Fortdauer der Gutspolizei, der abortiven Versuche zu „Landgemeindeordnungen" liegt in dem localen Partikularismus, welcher an der fixen Idee hängt, jedes zufällige Bruchstück der aufgelösten Feudal-Ordnung in eine Gemeindeverfassung zwängen, und daraus eine „Selbstverwaltung" machen zu wollen. Und dafür wird dann entweder irgend eine Standschaft, oder irgend eine Wahlversammlung nach dem Muster des englischen House of Commons, für das allein Wesentliche gehalten, während das historische selfgovernment gerade diese Dinge nicht kennt.

Dieser locale Partikularismus ist es, der auch eine Selbstverwaltung des Landschulwesens unmöglich macht, so lange wir nur mit 30,000 Dorfgemeinden und 15,000 Gutsbezirken operiren. Wir haben an dem System der ländlichen Schulgemeinden nachgewiesen, wie vollkommen lebensunfähig jene Territorialeinschnitte von etwa $1/3$ bis $1/6$ Quadratmeile, und durchschnittlich etwa 600 Einwohnern sich als Bezirke einer Selbstverwaltung erwiesen haben. Um wie viel weniger ist heute weiter zu kommen, wenn die Gesetzgebung gar auf die Unterfragmente der schon einmal verunglückten „Schulgemeinden" zurückgeht. Sind die 22,000 ländlichen Schulgemeinden nicht lebensfähig, so ist es um so gewisser, daß ihre 45,000 Elementarbezirke (Dorfgemeinden und Gutsbezirke) nicht lebensfähig sein können, mögen sie von der Verwaltung so oder so zusammengeschoben werden. Nachdem die Gesetzgebung sich in der Grundlegung der Bezirke der Gemeindeverwaltung vergriffen hat, müssen alle weiteren Anläufe vergeblich bleiben.

Diesem fehlerhaften Aufbau entspricht es dann, daß die Gesetzentwürfe in dem innern Ausbau, d. h. in der Vertheilung der Schullasten, durch ein „enges Anschließen an die historisch gegebenen Verhältnisse" weiter zu kommen suchen, und für die staatliche Schöpfung des Volksschulwesens mit seinen neuen, stetig wachsenden Bedürfnissen immer wieder auf das „Herkommen" zurückgehen.

Alles Herkömmliche in der Umlage der ländlichen Gemeindelasten hat sich in einer Zeit gebildet, in welcher eine Dorfschule überhaupt noch nicht zu den „hergebrachten Lasten" eines Gemeindeverbandes gehörte. Alles Herkommen datirt aus einer Zeit, in welcher das platte Land nur eine rusticale Wirthschaftsgenossenschaft darstellte, in welcher die Militair-, Gerichts-, Polizeilasten und ihre Surrogate sich zwischen Gutsherrn, Bauern, Halbbauern, Kossäthen, Gärtner, Büdner, Häusler und andere kleinere Stellen nach den Abstufungen der ländlichen Wirthschaftsgenossenschaft vertheilten.

Die historische Stufenordnung wird aber unter dem Einfluß der neueren Agrar-, Gewerbe- und Freizügigkeitsgesetzgebung von Jahr zu Jahr haltloser. Alle Stufen des ländlichen Besitzes, — die großen Grundherren voran, — haben sich jeden Vortheil dieser neuen Ordnung der Dinge angeeignet, Production und Erträge an allen Punkten erhöht und vervielfältigt: nur in dem einzigen Punkt, den gemeinsamen Lasten des Nachbarverbandes, soll es durchaus bei der alten Wirthschaftsordnung verbleiben, welche nicht mehr aufzufinden ist. Schon die heutige Stellung des Rittergutsbesitzes markirt sich nirgends mehr durch eine wirthschaftliche Abgrenzung, sondern nur durch das äußerliche Erbtheil gewisser Vorrechte. Nächstdem ließe sich allenfalls noch die Stufe der „gespannhaltenden Nahrungen" festhalten, obgleich auch diese durch Müller, Gewerb- und Handeltreibende, die zum Betriebe ihres Gewerbes Zugvieh halten, durchbrochen wird, während andererseits mancher bäuerliche Wirth mit Ochsen und Kühen zu wirthschaften anfängt. Darüber hinaus aber gruppirt die freie Veräußerlichkeit, Theilbarkeit und Cumulirbarkeit des Grundbesitzes die Stellen fortschreitend in neuer Weise. Der veränderte Wirthschaftsbetrieb ändert auch ohne Gebietsänderung die wirthschaftliche Bedeutung der Stellen so, daß frühere Gleichheiten sehr ungleich, frühere Ungleichheiten einander gleich werden. Die neue Landwirthschaft nimmt ferner so viel Elemente des Gewerbebetriebs, der Fabrikation und des Handels in ihr eigenes System auf, daß in allen Stufen die Abgrenzung zwischen Landwirthschaft und Gewerbe als Hauptzweig oder Nebenerwerb unklar und unsicher wird. Ebenso massenhaft überzieht Gewerbe, Handel und Fabrikation in direkter Umsiedlung das platte Land; eine einzige Fabrik aber vermag im Laufe weniger Jahre die wirthschaftlichen Grundlagen einer Landgemeinde von Grund aus umzuwandeln. Diese unaufhaltsam fortschreitenden Verhältnisse sind es, welche das „herkömmliche" System der Gemeindelasten theils stillschweigend untergraben, theils offenkundig zertrümmern. Für eine gemeinsame Besteuerung eines so zusammengesetzten Nachbarverbandes ist das „historische" System nie berechnet gewesen, am wenigsten zu den neuentstandenen Bedürfnissen. Die weitgreifende Thätigkeit unserer Generalcommissionen hat zu gelegener Zeit zwar Einzeles geregelt. Das Gesetz v. 3. Jan. 1845 (§§. 12—17) erstreckt sich jedoch nur auf Abgaben und Leistungen, welche die Natur von Reallasten haben. Auch diese dankenswerthe Nachhülfe ist nur ein Palliativ, welches durch den unsteten Wandelungsprozeß der modernen Gesellschaft wieder unzureichend wird.

Der ländliche Grundbesitz bringt allen diesen Umwandelungen stets den „conservativen Sinn" entgegen, welcher in Abwehr jeder neuen Last einig ist. Anstatt an irgend eine neue gesetzliche Steuerregel zu denken, klammert er sich bis zur letzten Grenze des Möglichen an jeden Rest lokaler Autonomie, wie ihn das Allg. Landrecht II, 6. §§. 26. 30. 33. 51. den Gemeinden gewährt, „unter Genehmigung der Staatsbehörde ihre Verfassung den veränderten Umständen und Verhältnissen durch zu errichtende Corporationsbeschlüsse anzupassen."

Diese Gemeindebeschlüsse unter stringenter „Aufsicht" der Regierungen wurden zu einer modernisirten Magna Charta des Landbesitzes, welche das fehlende Gesetz der Selbstverwaltung ersetzen muß, um den Preis der durchgreifendsten Bevormundung alles Gemeindelebens durch die Verwaltungsbehörden. Allen Umgestaltungen gegenüber blieb das Besitzinteresse dabei stehen, für die Vertheilung der Gemeindeabgaben immer noch die „bestehenden Verträge" oder „hergebrachten Gewohnheiten" gelten zu lassen; für jedes neue Bedürfniß aber im äußersten Fall die Staatsregierung sorgen zu lassen. Die Regierungsinstruktion v. 1817 §§ 1. 2 hatte den leitenden Satz an die Spitze gestellt:

„daß die Bezirksregierung als Aufsichtsbehörde das Verhältniß, in welchem die Gemeindeglieder zu den Gemeindelasten beizutragen haben, nach ihrem Ermessen von der Nothwendigkeit und Zweckmäßigkeit zu reguliren hat".

Diese Clausel bildet nunmehr das eigentliche Grundgesetz unseres Gemeindelebens in jener Weise, in welcher der Absolutismus Jahrhunderte lang gewachsen, groß und absolut geworden ist: — durch die Kurzsichtigkeit der Interessen, welche jedes neue Staatsbedürfniß lieber durch den „Staat" und seine beamteten Organe erfüllen läßt, weil man sich neuen Steuern und neuen gesetzlichen Regeln zu unterwerfen nicht entschließen kann.

Die Staatsgewalt des letzten Menschenalters aber, anstatt ihr Werk zu vollenden und die dem Staat nothwendige Ordnung weiterzuführen, machte gemeinschaftliche Sache mit jenen Bestrebungen. Die geistreichen, aber nicht auf dem Boden der heutigen Gesellschaft stehenden Doctrinen König Friedrich Wilhelms IV., welche in jener Zeit die Patrimonialgerichtsbarkeit als monarchisches Princip der Verfassung proclamirten, und die gutsobrigkeitliche Gewalt mit ihren Consequenzen befestigten und fortbildeten (Ges. vom 8. Mai 1837, 31. März 1838, 24. April 1846, 23. April 1847 2c. 2c.), sahen es als ihre Aufgabe an, den Widerspruch der alten Gesellschaftsordnung mit dem neuen Staat zu befestigen. Wo die Gesetzgebung der Zwischenherrschaft Güter und Gemeinden zu communalen Verbänden bereits verbunden hatte, hat der Staat (!) solche sogar wieder getrennt, wie in den ehemals kgl. sächsischen Landestheilen durch die Kgl. Verord. vom 31. März 1833 § 2: „Die Beiträge der Rittergüter und Domainen zu denjenigen Gemeindebedürfnissen und Anstalten, von welchen sie keinen Nutzen haben, und welche lediglich zum Besten der Gemeindeglieder bestehen, oder für welche die Güter auf eigene Kosten sorgen, hören vom 1. Jan. 1834 an gänzlich auf." —

In diesem Sinne hielt man es für Aufgabe des Staats, das „herkömmliche" System der ländlichen Gemeindeabgaben gegen jede Zumuthung der neuen Bedürfnisse kräftigst zu schützen, und die Regierungen sogar durch allgemeine Anweisungen von einer wirksamen Anwendung ihres reformirenden Aufsichtsrechtes abzuhalten, — ohne die Frage aufzuwerfen, was aus diesem Staat und dieser Dynastie geworden sein würde, wenn das „historische Preußen" solchen Grundsätzen und solchen Rathgebern gefolgt wäre*).

---

*) Das von Rochow gezeichnete Rescript vom 20. Juli 1839, (v. Kamptz, Annalen Bd. 23, S. 128—141) ist bezeichnend für den Gedankengang der preußischen Verwaltung, wie er zur Zeit des Uebergangs der Regierung von Friedrich Wilhelm III. zu Friedrich Wilhelm IV. geworden war. Mit großer Schärfe wird hervorgehoben, wie das Allg. Landrecht neben den Ortsobservanzen nur subsidiäre Gültigkeit habe, — wie dies auch in den neuen und in den wiedervereinigten Provinzen der Fall sei. Aufgehoben seien immer nur diejenigen Observanzen, in Betreff deren eine ausdrückliche Aufhebung und Abschaffung zur Zeit der Fremdherrschaft sich nachweisen lasse. Der bloße Ausspruch der Aufhebung sei noch nicht ausreichend; es sei die realisirte Abschaffung nachzuweisen. Insbesondere sei in den Landgemeinden nach A. L.=R. II., 6, § 26—36, 40 ff. auf Verträge, Stiftungsbriefe, Privilegien, Concessionen und die bisherige Gewohnheit vorzügliche Rücksicht zu nehmen, neben welchen der Abschnitt von Dorfgemeinden im VII. Titel nur subsidiäre Gültigkeit habe. Dergleichen Observanzen der Landgemeinden seien als locales öffentliches Recht, als ein Theil der „Landesverfassung" den geschriebenen Gesetzen gleichzustellen. Jede provinzielle Dorf= und Bauernordnung setze die wichtigsten Theile der Verfassung, die Bedingungen der Mitgliedschaft, die Rechte der Mitglieder rc. als nach Gewohnheitsrecht bestehend, voraus. Wie sehr die Interessenten an dem Herkommen hangen, wie leicht altgewohnte, wie schwer neue, wenn auch leichtere Lasten getragen werden, das lehre die Erfahrung. Ungleich erheblicher aber sei, daß in dem Volke das Bewußtsein lebe, daß was Herkommens ist, gutes Recht sei, wie alles Andere, das sich aus Verträgen, Gesetzen und Verleihungen herleite. Die ehrenfeste Gesinnung des Bauernstandes werde untergraben, wenn er aus seinen gewohnten Rechten in einen ihm aufgedrungenen Zustand hineingedrängt wird. — Die Entscheidung über die Verfassung der Landgemeinden und die Rechte und Pflichten ihrer Gemeindeglieder sei als „Communalangelegenheit" der richterlichen Cognition entzogen. Die Entscheidung der Verwaltungsbehörden könne nun freilich auf zahlreiche Fälle treffen, in welchen auch ohne Zustimmung der Betheiligten eine Abänderung observanzmäßiger Zustände von der Nothwendigkeit geboten sei, z. B. wenn von den Besitzern der gespannpflichtigen Wirthschaften zur Zeit kein Gespann mehr gehalten werde. Aber auch in diesen Fällen sei zunächst mit allem Ernst dahin zu wirken, durch die Gutsherrschaften und durch die Landräthe eine „freie Vereinigung" der Gemeindemitglieder nach Stimmenmehrheit herbeizuführen, und erst in deren Ermangelung haben die Regierungen die störenden oder streitigen Verhältnisse durch einen Beschluß nach Anhörung aller Interessenten zu reguliren. Von bestehenden Gewohnheiten werde sich der Beschluß nur soweit zu entfernen haben, als es wirklich erforderlich scheine.

Diese Umkehrung des staatlichen Berufs hat die Folge gehabt, auch die Gegeninteressen von den wirklichen Zielen abzuleiten. Von liberaler Seite wurde nun eine gleiche Vertheilung der Belastungen zwar grundsätzlich anerkannt, dabei aber die Nothwendigkeit einer Communalsteuergesetzgebung und einer Verwaltung nach Gesetzen fortdauernd verkannt. Der Parteistreit wurde damit zu einem bloßen Streit um Wahlrechte und ständische Besitzrechte. Den ständischen Kreisordnungen wurden schematische Kreis- und Gemeindeordnungen entgegengestellt, welche nur auf Formen der Beschließung und des politischen Einflusses bedacht waren, ohne an eine gesetzmäßige Verwaltung der dem öffentlichen Recht zugehörigen Gegenstände des selfgovernment zu denken, ohne überhaupt an das Wesen der Sache heranzutreten.

So ist denn auch nach Publication der Verfassungsurkunde der Streit über die Kreis- und Gemeindeverfassung ziellos verlaufen. Eine schon publicirte Kreis- und Gemeindeordnung wurde wieder außer Kraft gesetzt, um durch die restaurirten „Kreisstände" einer Selbstverwaltung so fern zu bleiben wie jemals. Das Ges. vom 14. April 1856 führt die Scheidung der Dorfgemeinden und der selbständigen Gutsbezirke nochmals als ein System durch, erschwert sogar die Verbindung der Güter mit den Landgemeinden, bestätigt den verrotteten Wust der „Urbarien, Stiftungsbriefe, Privilegien, Observanzen", und überläßt es dafür den Regierungen, ebenso die Communalsteuern wie die Stimmrechte der Gemeinde nach

---

Ein solcher Beschluß könne aber auch in mehrfacher Beziehung nur interimistische Kraft haben, insofern nach A. L.-R. II. 14. § 79 noch der Rechtsweg zulässig, und insofern die Interessenten, deren Uneinigkeit das Einschreiten der Regierung veranlaßt habe, sich später anderweitig einigen können, und diese Einigung dann der interimistischen Fortsetzung der Behörde substituirt werden möge. Nicht minder könne auch die Veränderung der Umstände, welche eine anderweitige Regulirung veranlaßt hat, sich möglicherweise als eine vorübergehende erweisen. Die darin liegende Disposition über observanzmäßige Zustände als eine definitive zu betrachten, würde eine „Ueberschreitung" der den Regierungen in dem Aufsichtsrecht der Regierungs-Instruction vom 23. Okt. 1817, § 8 ertheilten Befugnisse sein. Sofern also der neugeschaffene Zustand später durch freie Zustimmung der Betheiligten seine definitive Consolidation nicht erhalten sollte, würde die Sache nur in legislativem Wege ihre Erledigung finden können, und zu dem Zweck sollen die Regierungen halbjährlich tabellarische Uebersichten von den nach diesen Grundsätzen vorgenommenen Neuregulirungen einreichen. — Es war dieselbe persönliche Anschauung Friedrich Wilhelms IV., welche in dem Landtagsabschied vom 30. Dec. 1843 für die Provinz Preußen aussprach, daß eine Codificirung „die naturgemäße Entwickelung des ländlichen Gemeindewesens störe und der Wirksamkeit des eigenen praktischen Sinnes der betheiligten Gemeinden hemmend entgegen trete".

ihrem Ermessen umzugestalten. Noch einmal kehrt das Verwaltungsrecht des Absolutismus als vermeintlich „conservativer" Staatsgrundsatz zurück in den §§ 11—13 a. a. O.:

„Wenn der herkömmliche Maßstab der Vertheilung zweifelhaft oder nicht mehr passend ist, insbesondere wenn die hergebrachte Gewohnheit keinen sicheren Anhalt gewährt oder zu erheblichen Mißverhältnissen führt, soll ein von der Regierung zu bestätigender Gemeindebeschluß herbeigeführt werden, und wenn ein solcher nicht zu Stande kommt, die Regierung befugt sein, nach Anhörung des Kreistages, mit Genehmigung des Ministers des Innern, eine andere Vertheilung der Abgaben oder Dienste vorzuschreiben."

Auf dem unfruchtbaren Boden solcher Regierungsgrundsätze bleiben nun aber auch die neuesten Entwürfe eines Schulgesetzes stehen. Die Pflicht zur Einrichtung und Unterhaltung der öffentlichen Volksschulen wird den „bürgerlichen Gemeinden" auferlegt (Art. III). Ihnen gleichgestellt bleiben die selbständigen „Gutsbezirke" (Art. I). Bei deren Unvermögen oder zu geringem Umfang sollen mehre Schulverbände zu gemeinsamen Schulen vereinigt werden (Art. II). Es bleibt ebenso bei dem Herkommen der Ortsgemeindeabgaben, und nur aushülflich wird ein gesetzlicher Maßstab angenommen:

Art. VI. „Die einer bürgerlichen Gemeinde zur Last fallenden Kosten der Einrichtung und Unterhaltung der öffentlichen Volksschulen werden zusammen mit den zur Bestreitung der übrigen Communal-Bedürfnisse erforderlichen Mitteln aufgebracht."

„So lange es innerhalb ländlicher Gemeinden noch an einem auf alle Gemeindelasten gleichmäßig anwendbaren subsidiärischen Vertheilungsfuß fehlt, erfolgt bei solchen die Aufbringung der Schulkosten nach denselben Grundsätzen, welche Art. VII für die selbständigen Gutsbezirke bestimmt."

Art. VII. „Die einem selbständigen Gutsbezirk zur Last fallenden Kosten der Einrichtung und Unterhaltung der öffentlichen Volksschulen werden nach Verhältniß der in dem Gutsbezirk zur Erhebung kommenden Grund-, Gebäude-, Klassen- und klassifizirten Einkommensteuer aufgebracht."

Die Unterhaltung der bisher bestehenden Volksschulen bleibt zu Lasten der gegenwärtig dazu verpflichteten bürgerlichen Gemeinden und selbständigen Gutsbezirke (Art. XI). Es kann jedoch amtlich oder auf Antrag der Schulinteressenten, sowie bei Unzulänglichkeit der bisherigen Schuldotation, eine neue Regulirung der Schulunterhaltungslast (unter Umständen mit Beibehaltung confessioneller Schulgemeinden) eintreten. (Art. XIII, XIV.)

Es bleibt also zunächst bei dem vorhandenen Steuersysteme, und nur wo ein subsidiärischer Vertheilungsfuß fehlt, kann das Grund- und Einkommensteuersystem des Staats an die Stelle treten*).

Das Gesammtresultat dieser Kreisbewegung ist, daß alle Anläufe zu einem Gemeindesteuersystem durch die Kleinheit der Steuerbezirke mindestens ebensoviel zurück wie vorwärts gehen, daß wir dem Erfolge nach über die Zustände des A. L.-R. II. 12. §§ 29—38 nicht hinauskommen. Noch immer kann sich die Gesetzgebung nicht entschließen, die Schulerhaltung auf solche Bezirke zu legen, welche sie wirklich tragen können, und ebendeshalb bleiben alle wesentlichen Beschließungen in den Händen der Staatsverwaltung, welche die Angemessenheit der Bezirksbildung, die Angemessenheit der Lastenvertheilung und das Maß des Bedürfnisses nach ihrem Ermessen bestimmen soll. Unverändert nach dem Schema büreaukratischer Verwaltung bewegt sich Alles im Kreise**).

---

*) In der Commissionsberathung des Herrenhauses wurde zur Vervollständigung des alten Systems sogar vorgeschlagen: die Schulgemeinde soll beschließen, „nach welchem Maßstab" die Kosten zur Unterhaltung aufzubringen sind. Gegen einen solchen Beschluß findet eine Berufung an die zuständige Schulaufsichtsbehörde Statt, sobald die dissentirenden Mitglieder den vierten Theil der projectirten Unterhaltungskosten aufzubringen haben würden (Commissionsbericht vom 11. Febr. 1868, S. 45).

**) In den Berathungen mit der Commission des Herrenhauses vom Febr. 1868, S. 15—16 giebt die Staatsregierung eine Selbstkritik der bisherigen preußischen Weise, anstatt das Schulwesen durch die gesetzliche Regel des selfgovernment zu ordnen, sich mit dem System der Verwaltungsregulative zu behelfen. „Es sei reiflich erwogen worden, ob zur Verbesserung der Lage der Lehrer ein neues Gesetz erforderlich sei, oder ob nicht der Zweck auf dem Verwaltungswege in Gemäßheit einer am 6. März 1852 ergangenen Circular-Verfügung genügend erreicht werden könne. Die Regierung habe aber dieses letztgedachte Mittel als unzulänglich erkannt, besonders in Bezug auf 3 Punkte. Erhöhungen der Gehälter seien früher — bis zum Erlaß jener Verfügung — gegen den Willen der Verpflichteten nie durchgesetzt worden. Wenn auch das auf jene Verfügung gestützte Verfahren bei entstandenen Conflicten durch Entscheidungen des Gerichtshofes für Kompetenz-Conflicte bekräftigt worden, und die Regierung danach den einzelnen Widerstand brechen könne, so werde doch dadurch das Rechtsbewußtsein im Volke nicht befriedigt. Es sei demnach eine gesetzliche Regelung erforderlich. Dazu komme der knappe Standpunkt der fraglichen Circularverfügung. Sie ermögliche nur das Allernothwendigste; Folge davon sei die Unzufriedenheit und der Mangel an Konkurrenz für den Schullehrer-Beruf, welcher jetzt hervortrete. Es müsse also nicht eine blos nothdürftige, sondern eine angemessene Besoldung gewährt werden können. Dazu bedürfe es eines Gesetzes. — Endlich habe die frag-

Die Wurzel des Uebels ist und bleibt der enge Gesichtskreis unseres Kleinstaaten- wie unseres Kleingemeindethums.

Die Unmöglichkeit, den vollen Begriff einer Staatsverfassung auf souveräne Landrathsämter anzuwenden, läßt sich durch Beweise zeigen, die in sichtbaren Schlägen die Ohnmacht des Kleinstaatenthums darthun.

Für das Kleingemeindethum sind solche handgreiflichen Beweise nicht zu führen, sondern es bedarf der ausdauernden Geduld, den Zeitgenossen immer von Neuem vorzuführen, wie unsere ärmliche Tagelöhnergemeinde und unser Gutsbezirk nicht Körper zur gleichmäßigen Einrichtung einer wirksamen Volksschule sein können; wie unsere heutige Volksschule eine wesentlich gleiche Besoldung der Lehrer voraussetzt, die auf dem Boden des reichen und des armen, des dicht- und des dünnbevölkerten Schulbezirks ebenso ungerecht wie unmöglich ist. Es bedarf der stetigen Erinnerung daran, wie die Beitragsverhältnisse nach den alten Abstufungen des ländlichen Grundbesitzes sich mit den Erträgen, der Leistungsfähigkeit und dem Interesse der Steuerzahler an den Communaleinrichtungen völlig verändert haben; wie die stückweise Nachbesserung dieser Verhältnisse durch Gemeindebeschlüsse und Regierungsresolute an die Stelle des Gemeinsinnes den socialen Hader im Kleinen setzt, an die Stelle des selfgovernment die Bevormundung, und zugleich die Unfähigkeit zu jedem bedeutsamen Fortschritt des Gemeindelebens. Es bedarf der stetigen Erinnerung an die lange Reihe der verfehlten Versuche und getäuschten Hoffnungen auf diesen Gebieten. Erst aus dem Anerkenntniß der Nichtigkeit der früheren Anläufe wird der Entschluß hervorgehen, auf welchem alle Consolidirung unserer Stände und Körperschaften zu wirklichen Staatskörpern beruht:

---

liche Circular-Verfügung die Mängel und Unzulänglichkeiten der bestehenden Gesetze nicht beseitigen können. Beispiele: Verpflichtung der sogenannten associirten Rittergutsbesitzer in Posen nach Entscheidungen des Ober-Tribunals; ferner provinzialrechtliche Bestimmungen in Schlesien, speziell im Kreise Beuthen, bei Entstehung neuer Bergwerksschulen, wo die Gutsherren und Gemeinden die überwiegende Last, die Bergleute, als Einlieger, nach dem katholischen Schul-Reglement von 1801 trotz ihres guten Verdienstes nichts beitragen, als das Holz zu spalten haben; ferner mangelhafte provinzialrechtliche Bestimmungen in der Provinz Sachsen, auch in Neu-Vorpommern. Das Bedürfniß neuer gesetzlicher Bestimmungen über die Schul-Unterhaltung sei hierdurch constatirt." — Die übrigen zusammenhängenden Erörterungen ergeben wirklich überzeugend die Unmöglichkeit mit den „herkömmlichen" Landgemeindelasten weiter zu kommen. Die Staatsregierung scheut indessen vor der Consequenz ihrer Vordersätze zurück.

Erweiterung des Kreises der Verpflichtung, d. h. Verbindung der Schulerhaltung und Schulverwaltung mit solchen communalen Körpern, welche sie wirklich zu tragen vermögen.

Ist die öffentliche Meinung bis zu diesem Anerkenntniß weiter gerückt, so wird sich zunächst noch ein Hinderniß in den Weg legen, welches nicht zu unterschätzen ist. Geht es nicht länger mit der Dorfgemeinde und dem Gutsbezirk, so wirft sich die Vorliebe für Kleinbildungen zunächst wieder auf die Theorie der Gesammtgemeinden und Bürgermeistereien, welche einst von der Fremdherrschaft eingeführt, durch die Bequemlichkeit des Verwaltungssystems sich die Freundschaft der industriellen Gesellschaft erworben haben. Man kann darauf die Zusicherung geben, daß deutsche Vorliebe für Sonderbildungen Formationen der Art aus der Kreisverwaltung sicher herausarbeiten wird, so weit sie nachahmungswerth sind. Vorläufig aber kommt dagegen in Betracht, daß

1. gerade für die Schulverwaltung die Bildung von Gesammtgemeinden oder Bürgermeistereien am wenigsten ausreicht, weil sie die Ausgleichung der communalen Kräfte noch nicht in dem genügenden Maße herbeiführt. Die dünn bevölkerten, auf gedehnten Haide-, Sand- und Forstländereien belegenen Schulgemeinden von 200 bis 600 Seelen erhalten die volle Leistungsfähigkeit für gleiche Lehrergehalte auch dann nicht, wenn man ihrer 5 bis 10, oder 10 bis 15 Dorfgemeinden und Gutsbezirke, zusammenlegt.

2. So nothwendig und ausführbar die Bildung von Amtsbezirken für die Verwaltung sich darstellt, so schwierig wird die Zusammenfügung von kleinen Bauergemeinden und Gutsbezirken zu unmittelbar ökonomischen und Steuerlasten. Gerade dagegen sträubt sich die Ungleichheit der Interessen und der Besitzweisen in nächster Nachbarschaft am lebhaftesten. Keine andere Maßregel der Fremdherrschaft hat in den mittleren Theilen Deutschlands mehr Widerstreben gefunden und mehr üble Erinnerungen hinterlassen als diese Zusammenpressung. Wie das Kleinstaatenthum sich leichter in einem Großstaat als in einem größeren Kleinstaat zusammenfügt, so ist es leichter, die widerstrebenden Elemente der Herrschaften, Rittergüter, Mittelbesitzungen, Bauergüter, Häusler, Forstbesitzungen, Bergwerks-, Gewerbs-, Fabrikanlagen u. s. w. zu einem größeren Kreisverband, als sie zu einer kleineren Gesammtgemeinde zusammenzufügen.

3. Die schwere Arbeit der Formation von mehren Tausend so zusammengesetzter Gemeindekörper stände in keinem Verhältniß zu dem

damit erreichten Nutzen. Sie behielte stets den Charakter der Willkür und Gewaltsamkeit. Sie bedürfte stetiger Abänderungen, da bei der ersten Formation mancherlei übersehen wird, und die Beweglichkeit des freizügigen Verkehrs die engeren Localverhältnisse stärker als die weiteren alterirt. Alle Formationen der Art würden nur einen ephemeren Charakter tragen.

Die Gesetzgebung, welche ohnehin mit so nachhaltigen Schwierigkeiten zu kämpfen hat, knüpft immer am besten an die schon vorhandenen, gewohnten Verhältnisse an.

Das höhere Glied über den Dorfgemeinden und Gutsbezirken ist bei uns seit Menschenaltern formirt vorhanden: Es ist der Kreisverband, wie er in den 327 Kreisen als feste, gleichmäßig geordnete Bezirkseintheilung für alle Beziehungen der öffentlichen Verwaltung dasteht, wie er die bisher so ungleichartigen Verhältnisse von Stadt und Land bereits zusammenfaßt.

In dem Kreisverband sind im großen Durchschnitt die Vorbedingungen wirklich vorhanden, welche dem zersplitterten, verkümmerten Communalleben des platten Landes gefehlt haben. Was die einzelne Klasse der ländlichen Bevölkerung für unser Schulwesen bisher nicht leisten konnte, — was die Tagelöhnergemeinde nicht vermag und was der Schulpatron mit seinen sporadischen Leistungen nicht vermag, — das vermag die Gesammtheit der großen Grundbesitzer, der mittleren, der kleinen Grundbesitzer und ländlichen Stellen — die Gesammtheit der Handeltreibenden, der Gewerbetreibenden, der Fabrikanten in ihren jetzigen Anlagen auf dem Lande, — das vermag die gegenseitige Ergänzung von Stadt und Land. In den verhältnißmäßigen seltenen Fällen, in welchen kleinere und arme Kreise der östlichen Provinzen auch als solche die Schullast nicht voll zu tragen vermögen, kann bis zur Entwickelung der provinziellen Selbstverwaltung an dieser Stelle die Staatshülfe ergänzend eintreten, welche dann wenigstens rationeller eintritt, als in ihrer heutigen Gestalt, in welcher sie den einzelnen „Schulgemeinden" zu helfen sucht. Die Lösung des Problems nach so viel vergeblichen und hoffnungslos fortzusetzenden Versuchen wird also in dem neuen Grundsatz zu finden sein:

Die Erhaltung der Elementarschule geht von den bestehenden ländlichen Schulgemeinden, Landgemeinden und Gutsbezirken, als gemeine Kreislast auf den Kreisverband über.

VI.

Das System der Kreis- und Communalbesteuerung durch Zuschläge zu den Staatssteuern.

Mit dem Uebergang der Schulerhaltung und Schulverwaltung auf den Kreisverband ist der vitiöse Zirkel durchbrochen, in welchem bisher die Ordnung unserer ländlichen Gemeindeverhältnisse und damit das ländliche Schulwesen sich bewegt hat.

Es ist damit die elementare Grundlage — ein gesetzlich fester, für die Steuerleistung und persönliche Verwaltung ausreichender Bezirk des selfgovernment gefunden, welcher die wesentlichen Lebensbedingungen enthält, unter welchen bisher in der europäischen Welt eine Selbstverwaltung sich als ausführbar erwiesen hat.

Schon seit langer Zeit hat eine Reihe ländlicher Gemeindebedürfnisse auf ein Kreissteuersystem hingewiesen. Das praktische Bedürfniß hat auch schon den Gesichtspunkt zur Geltung gebracht, daß Gemeinde-, Kreis- und Provinzialsteuern in einem ergänzenden Verhältniß stehen müssen, und daß es einer Gleichheit des Maßstabs bedarf, um diese Ergänzung ausführbar, und das ergänzende Eintreten der Staatsfinanzen rechtlich möglich zu machen. Ohne diese Gleichmäßigkeit des Maßstabs entsteht das ungerechte Verhältniß, daß die Gemeinden, welche am wenigsten aus eigenen Mitteln zur Erfüllung ihrer Obliegenheiten thun, durch Nachhülfe der größeren Verbände und des Staats am meisten begünstigt werden, wie dies bei den bisherigen Staatsbeiträgen zur Volksschule unvermeidlich eintritt.

Diese richtigen Anläufe sind indessen zu einem durchgreifenden Grundsatz der Gesetzgebung noch nicht gereift, weil von unten herauf ein völlig ungleiches System der Communallasten vorhanden war.

Für die unterste Stufe des Gemeindelebens in den einzelnen Stadt- und Dorfgemeinden ist häufig noch ein Stammvermögen vorhanden, welches in einer summarischen Uebersicht vom Jahre 1849 auf 123,780,000 Thlr. Werth abgeschätzt worden ist. Dies Stammvermögen bildet eine glückliche Zugabe zur Deckung der Ortsgemeindebedürfnisse, kann aber nicht die Grundlage der Gemeindelasten bilden, weil es in ganz zufälligen Verhältnissen vertheilt, in der Mehrzahl der Gemeinden von kaum nennenswerther Bedeutung ist. Das

Einkommen aus Grundstücken insbesondere vertheilt sich in folgender Weise:

	Stadtgemeinden	Landgemeinden
Provinz Preußen . . .	92,605 Thlr.	20,119 Thlr.
„ Pommern . .	305,467 „	15,344 „
„ Posen	22,729 „	21,330 „
„ Brandenburg	233,311 „	46,623 „
„ Schlesien . .	259,804 „	38,292 „
„ Sachsen . . .	227,991 „	216,949 „
„ Westphalen .	83,010 „	121,710 „
„ Rheinprovinz	130,160 „	925,978 „
	1,355,077 Thlr.	1,406,346 Thlr.

Genauere Nachweisungen über das sonstige Stammvermögen fehlen. Nach einer summarischen Uebersicht vom Jahre 1857 wurden jährlich 8,628,000 Thlr. insgesammt aus dem Grundvermögen und aus selbständigen permanenten Einnahmequellen aufgebracht. Daneben aber erscheinen in derselben Uebersicht 14,941,000 Thlr. steuerartige Beiträge zu Gemeindezwecken, 3,441,000 Thlr. für Kirchen und Pfarren, 5,956,000 Thlr. zu Schulzwecken. So summarisch diese Uebersichten sind, so lassen sie doch erkennen, daß das Stammvermögen nur einen Bruchtheil der wachsenden Bedürfnisse deckt, daß also der Schwerpunkt auch für die Ortsgemeindelasten schon längst in dem Steuersystem liegt.

In erhöhtem Maße gilt dies von dem Kreisverband, für dessen bisherige Bedürfnisse nach der summarischen Uebersicht von 1857 2,241,000 Thlr. erfordert wurden.

In analoger Weise gilt dasselbe von den Beiträgen zu Provinzialzwecken, welche für 1857 auf 1,941,000 Thlr. angegeben werden.

Schon in den Landgemeinden zeigt sich nun aber das Bedürfniß eines neuen Steuerfußes bei jeder Neuregulirung der „herkömmlichen" Beiträge, und als gesetzlicher Maßstab bleiben dafür nur Zuschläge zu den directen Staatssteuern übrig. In den Stadtgemeinden ist das Steuersystem bereits massenhaft in Staatssteuerzuschläge übergegangen. Für die Aufbringung der Kreis- und Provinzialbedürfnisse blieb trotz aller Anhänglichkeit an das „Herkommen" von Anfang an kein anderer Ausweg übrig.

In Ermangelung einer Communalsteuergesetzgebung kommt damit in allen Stufen das Communalsteuerwesen zur Zeit auf die Regulative und Einzelverfügungen der Verwaltungsbehörden zu stehen. (Regierungs-Instruction von 1817 §§ 1. 2.) Die Bezirks- und Gemeindeabgaben können mit deren Genehmigung durch Erhöhung der Klassensteuer, oder auch der Mahl- und Schlachtsteuer aufgebracht werden. (Rescr. v. 15. Dez. 1821, v. 21. Jan. 1822). Andere Steuerzuschläge sollen nur dann erhoben werden, „wenn sie bereits bestehen", wenn sie in der „Verfassung" oder auf landesherrlicher Bewilligung beruhen, in allen Fällen aber nur, „sofern sie den allgemeinen Steuergesetzen nicht widersprechen und der Freiheit des inneren Verkehrs nicht hinderlich sind." — In gleicher Weise hat man sich nach Bildung der Kreisstände damit begnügt, die fehlenden Kreissteuergesetze durch die Maschinerie der Verwaltungsinstanzen zu ersetzen. Die Kreiscommunalbeiträge werden von den „Kreisständen" beschlossen, und über den dabei beliebten Steuermodus haben die Provinzialregierungen durch den Oberpräsidenten an die Ministerien zu berichten.

Sämmtliche vorhandene Staatssteuern sind nun aber nach Grundsätzen gebildet, welche für eine Communalbesteuerung von Hause aus nicht gemeint waren. Grund- und Gebäudesteuer, Klassen-, Einkommen- und Gewerbesteuer eignen sich in der That jede für sich noch nicht zum Normalmaßstab der Gemeinde-, Kreis- und Provinzialsteuern. Die Praxis selbst erkennt dies auch an, indem sie in buntestem Wechsel, in willkürlichsten Proportionen und zufälligster Verbindung alle jene Steuern heranzieht. Sieht man von der auf wenige Städte beschränkten, und an sich ungeeigneten Mahl- und Schlachtsteuer ab, so stehen sich zwei Hauptsysteme gegenüber.

I. die Zuschläge zur Grund- und Gebäudesteuer,

II. die Zuschläge zur Klassen-, Einkommen- und Gewerbesteuer, welche als Communalbesteuerung alternativ oder cumulativ angewandt werden.

I. Die Zuschläge zur Grund- und Gebäudesteuer für sich erscheinen als unzureichend aus folgenden Erwägungen.

Die jetzt geltende Staatsgrundsteuer ist zur Beilegung alten Streits nach Gesichtspunkten der altständischen Gesellschaft auf einen Gesammtbetrag von jährlich 10 Millionen Thalern contingentirt. Der gesammte Ackerbesitz des Landes hat sich noch einmal durch ein festes Pauschquantum mit allen Steuerbedürfnissen des Staates abgefunden. Durch eine steife Katastrirung, mit einer Revision nach 15 jährigen Katasterperioden, ist der Grundsteuer die Beweglichkeit entzogen, welche zu einer Communalbesteuerung gehört; denn zu den jährlichen Communalbedürfnissen muß auch der Grundbesitz mit seinem jährlich wechselnden actuellen Ertragswerth herangezogen werden. Die Grundsteuer enthält überhaupt nur einen Maßstab für die Beitragspflichten des Rusticalbesitzes unter sich, während zu einer geregelten Gemeinde-

und Kreisbesteuerung Gebäude und Land, städtische und ländliche Gemeindeverbände gleichmäßig herangezogen werden müssen.

Scheinbar geschieht dies nun allerdings dadurch, daß mit der Grundsteuer zugleich die neu geregelte Gebäudesteuer herangezogen wird. Allein die Gebäudesteuer ist zu keinem festen Betrage contingentirt, sie ist zu einem andern Procentsatz und mit noch anderen Modalitäten festgestellt, welche zu den Communalsteuern nicht passen. Die Motive, aus welchen die Staatsgrundsteuer von Ackergrundstücken mit 8 pCt., von Gebäuden mit 4 pCt. berechnet wird, treffen für die Communalsteuern im Durchschnitt nicht zu, welche sich für das Jahresbedürfniß der Commune an die actuellen Jahreserträge zu halten haben. In jedem Fall ist die Herabsetzung der Staats-Gebäudesteuer von „Fabriken und Manufacturgebäuden, Brauereien und Brennereien, Ziegeleien, Hüttenwerken, Schmieden, Mühlen, Speichern" ꝛc. ꝛc. auf 2 pCt. für die Erhebung von Communalsteuern in keiner Weise zu rechtfertigen.

Die bloße Cumulation von Grund- und Gebäudesteuer ergiebt also noch keinen gerechten Maßstab. So bedeutungsvoll überhaupt der Grundbesitz als Grundlage aller Communalbesteuerung erscheint, so kann er doch nicht die ausschließliche, objective Grundlage bilden, da Handel, Gewerbe und Fabrikation nach dem vollen Ertragswerth ihrer Anlagen im Communalverband zu den Communalbedürfnissen herangezogen werden müssen. Ein gemeinsamer Mangel der Staatsgrund- und Gebäudesteuer bleibt ferner, daß sie grundsätzlich auf die Steuerpflicht des Eigenthümers berechnet sind, während es im System der Communalsteuern darauf ankommt, jeden Inhaber eines jeden Hausstandes mit seiner Person und seinem localen Vermögensinteresse an den Nachbarverband zu fesseln. Für das System der Communalsteuern muß daher als verpflichtetes Subject ebenso der Miether, der Pächter, der Nutznießer, der nutzende Inhaber (occupier nach englischem Sprachgebrauch) behandelt werden, wenn auf dem Boden der Communalbesteuerung ein lebendiger selbstthätiger Nachbarverband sich bilden soll.

Alle diese Gesichtspunkte scheinen auf eine Ergänzung des bisherigen Grundsteuersystems durch das nachfolgende hinzuweisen.

II. Die Zuschläge zu der Staats-Klassen-, Einkommen- und Gewerbesteuer gelten als ein naturgemäßer Steuermaßstab auch für den Nachbarverband. Sie sind als solcher schon in dem englischen Mittelalter vorhanden gewesen, und erfreuen sich auch heute des überwiegenden Beifalls der öffentlichen Meinung. Bei der wirklichen Ausführung ergeben sich indessen Einseitigkeiten und Widersprüche, welche nicht bemerkt werden, so lange die Einkommensteuer nur das „Steuer-Ideal" bleibt.

Von unten herauf zeigt die Klassensteuer erhebliche Schwierigkeiten bei Heranziehung der untersten Schichten der arbeitenden Klassen, für welche sie zwar durchgehends das „Steuerideal" bildet, aber doch den lebhaftesten Widerstand findet, sobald man sie selbst einzuschätzen anfängt. Dieser Widerstand wird bei Neueinführungen von Gemeindesteuern so lebhaft, daß man habituell die unterste Klasse von der Beitragspflicht freiläßt. Wie ist es aber möglich, den kleinen Hausständen eine rechtliche Stellung im Gemeindeleben zu geben, wenn man ihnen keinen Antheil an den Gemeindelasten zu geben weiß?

Andere Widersprüche treten für die besitzenden Klassen hervor, und zwar sowohl von Seite des Grundbesitzes, wie von der Seite des beweglichen Vermögens und Erwerbs.

Der Grundbesitzer leistet einerseits zu wenig, wenn er nur nach dem Verhältniß seines persönlichen reinen Einkommens steuert; denn der Grundbesitz steht durch alle an ihm haftenden Arbeitskräfte und Erwerbsquellen mit dem Gemeindeverband so eng verbunden da, und nimmt für Armenpflege, Wegeerhaltung, Polizeischutz &c. die Geldmittel der Commune in so starkem Maße in Anspruch, daß seine Beitragspflicht sich durch den jährlichen Ertragswerth dieses Besitzes, nicht aber durch die zufällige Höhe seines persönlichen Reineinkommens bestimmen kann. Der auswärts wohnende Grundbesitzer ginge dabei ganz steuerfrei aus. Die Beiträge aller Ansässigen wären dem zufälligsten Wechsel unterworfen. Wenn beispielsweise eine Dorfgemeinde aus einem Gutsherrn, 10 Bauern-, 30 Tagelöhnerfamilien und einigen Gewerbsleuten bestände: sollen etwa die Beitragsquoten der Dorfschaft sich plötzlich verdoppeln, weil statt des reichen Gutsherrn, dessen Einkommensteuer bisher die Hälfte aller Gemeindebedürfnisse bestritten hat, ein überschuldeter Erbe tritt? — Noblesse oblige ist ein Grundsatz, der hier seine reale Seite herauskehrt. Der Realbesitz darf sich seinem Beitrag zum Nachbarverbande nicht entziehen, mag er mehr oder weniger durch Hypothekenlasten ausgehöhlt sein. Unabhängig von allen realen Belastungen weisen seine Beziehungen zur Armenpflege, Wegebaulast, Schule, Polizeiverwaltung durch die von ihm abhängigen Arbeitskräfte auf eine feste Beitragspflicht hin, entsprechend dem Jahresertrage, welchen der Besitzer in seiner Verbindung mit diesem Communalverbande bezieht.

Umgekehrt führt die Personalbesteuerung nach dem Einkommen

zu einer Ueberbürdung des beweglichen und Kapitalvermögens. Nur in der älteren Wirthschaftsordnung, in welcher der Wohnsitz des Menschen durchschnittlich auch die Quellen seines Einkommens in sich begriff, ließ sich dies Mißverhältniß ignoriren. Die besitzenden Klassen in der heutigen Formation der Gesellschaft beziehen ihr Einkommen aus lokal sehr zerstreuten Besitzungen, Anlagen und Unternehmungen. Wenn ein großer Fabrikherr oder ländlicher Grundherr seinen Wohnsitz etwa vor den Thoren der Hauptstadt in einem Landhause auf dem Boden einer benachbarten Dorfmark nimmt, so erfüllt er seine Verpflichtung gegen die Dorfgemeinde sicherlich, wenn er nach dem Miethe- und Pachtwerth seines Wohnsitzes nebst Zubehör beisteuert gleich den Bauern und kleineren Hauseigenthümer. Es ist aber nicht einzusehen, wie diese Ortsgemeinde zu dem Recht kommen soll, das Jahreseinkommen eines Millionärs zu ihren Lokalbedürfnissen zu schatzen, und annähernd ihr gesammtes Gemeindebedürfniß auf die Einkommensteuer eines Einzigen abzuwälzen, — ein Einkommen, welches auf einer Reihe von Grundbesitzungen, Fabriketablissements, Actienunternehmungen, Eisenbahnanlagen 2c. beruht, deren Ertrag vom Staat und von anderen Gemeinden, jedes an seiner Stelle, in Anspruch genommen wird. Aus welchem Rechtstitel soll dies schon durch multiplicirte Steuern beanspruchte Einkommen noch einmal in seinem vollen Betrage einem Lokalverband dienstbar gemacht werden, mit welchem der Besitzer nur durch seine Wohnung im Zusammenhang steht?

Es wird an diesen Verhältnissen jetzt sichtbarer als früher, daß wohl der Staat ein unzweifelhaftes Recht und alle Veranlassung hat, das persönliche Gesammteinkommen für die Gesammtbedürfnisse des Staats zu besteuern; und wo dies in einem erhöhten Maße noch ausführbar ist, mag das Steuersystem die Prozentsätze der Einkommensteuer erhöhen. Für die Communalbesteuerung aber bleibt das persönliche Reineinkommen ein zufälliger und ungerechter Maßstab, dessen gesteigerte Durchführung zu einem förmlichen Ausbeutungssystem gegen die besitzenden Klassen führt, welches kein anderes Gegengewicht hat, als die Furcht, daß eine allzu arge Uebertreibung die reicheren Bewohner in andere Verbände treiben werde.

Es kommen dazu noch andere schwer wiegende Uebelstände der Einkommensteuern: die Schwierigkeit der Abmessung des „reinen" Einkommens im Verhältniß zu den Betriebskosten; die mangelnde Buchführung und Kenntniß des wirklichen Einkommens bei den meisten Steuerpflichtigen selbst; der verschiedene Werth des Einkommens je nach den Bedürfnissen der Familie; vor Allem die Schwierigkeit der

Einschätzung, welche in dem Maße wächst, je größer die Gemeindeverbände und Einschätzungsbezirke werden, je mehr das Einkommen in seiner heutigen beweglichen Gestalt äußerlich unerkennbar und uncontrollirbar wird.

Was speciell die Gewerbesteuer betrifft, so wird der Gewerbebetrieb einerseits durch die Haus- und Miethssteuern der Communen, andererseits durch die besondere Staatsgewerbesteuer neben der Klassen- und Einkommensteuer schon zweimal doppelt betroffen, und es scheint dieser Grund auch die neueren Schulgesetzentwürfe bestimmt zu haben, die Gewerbesteuer nicht noch einmal mit besonderen Zuschlägen zu bedenken.

III. Eine Verbindung der vorigen beiden Systeme erscheint als eine nahe liegende Abhülfe gegen ihre Einseitigkeit.

Uebersieht man das unendlich verwickelte System der Communalbeiträge nach der Verschiedenheit der preußischen Provinzen und Kreise, nach den Variationen von directen Steuern und Steuerzuschlägen in den deutschen Mittelstaaten, Kleinstaaten und Städten*), so bietet sich eine Combination der Grund- und der Personalsteuern als naheliegende Transaction dar. Die deutschen Territorialgesetzgebungen zeigen auch einen überaus häufigen Gebrauch dieser Aushülfe so, daß neben dem Grundsteuersystem die Ergänzung durch Personalsteuern, neben dem Personalsteuersystem die Ergänzung durch Grundsteuern fast überall vorkommt.

---

*) Der Congreß der deutschen Volkswirthe hat sich in seinen Verhandlungen von 1867 das Verdienst erworben, die von der Volkswirthschaft und der Finanzwissenschaft so lange vernachlässigte Gestaltung der Communalsteuern näher zu erörtern, und die actuellen Zustände in den heutigen deutschen Staaten nach einem Fragebogen festzustellen, der freilich sehr ungleich und ungenügend beantwortet ist. Die in dem Bericht des Prof. Dr. Emminghaus (mit einem Nachtrag für die thüringischen Staaten und einer Ergänzung über das Communalabgabenwesen im Königreich Hannover) gegebenen Zusammenstellungen zeigen ein Bild deutscher Mannigfaltigkeit, welches in Europa seines Gleichen nicht wieder finden wird. Es würde sich in das Unabsehbare vervielfältigen, wenn in die weiteren Einzelheiten hinein die Variationen der städtischen und der Dorfsteuern detaillirt werden könnten. Ein Anfang ist gemacht in der „Deutschen Gemeindezeitung“, die Steuersysteme der preußischen Städte zu sammeln, wie solche mit hundertfältigen Variationen und Nüancen eine Bestätigung durch Resolute der Regierungen gefunden haben. Es läßt sich nur sagen, daß keine Art der directen Steuern, und keine heute noch mögliche indirecte Steuer in diesem Katalog fehlt, und daß durch die Majoritätsbeschlüsse der nächsten Interessenten eine so wunderbare Combination von directen und indirecten Steuern, von Real- und Personalsteuern zu Stande gebracht ist, daß darin irgend ein Rechtsgrundsatz oder irgend ein wirthschaftlicher Grundsatz nicht zu entdecken und zu verfolgen ist.

Auch die Praxis der Kreissteuerbeschlüsse hat da, wo nicht das entschiedene Uebergewicht einer Besitzweise den Ausschlag gegeben, ziemlich häufig den Mittelweg gefunden, die Kreisbedürfnisse theilweis auf die Grund- nnd Gebäudesteuer, theilweis auf die Klassen-, Einkommen- und Gewerbesteuer abzulagern.

Von näherer Bedeutung für unsern Zweck ist, daß die einzige in Preußen zur Ausführung gekommene Provinzialschulgesetzgebung für die Provinz Preußen vom 11. Dez. 1845, § 39, zu der Maxime gelangt ist*):

„Ist zur Erhaltung der Schulen eine besondere Communalumlage erforderlich, so erfolgt die Vertheilung, nach Verhältniß der von den Einzelnen zu entrichtenden Grund- und Klassensteuerbeträge, und wird die Grundsteuer da, wo sie nicht besteht, nach dem Besitzstande ergänzt." — Derselbe Grundsatz war auch in die Gesetzentwürfe für die übrigen sieben Provinzen aufgenommen (Actenstücke S. 121) und würde heute schon das Gesetz des Landes bilden, wenn die schon abgeschlossenen Gesetzentwürfe nicht durch die Ereignisse des Jahres 1848 unterbrochen worden wären.

Es ist damit in jedem Falle der Weg angezeigt, welcher als Uebergang aus den grundsatzlosen Zuständen der Gegenwart einzuschlagen ist; und es ist darin den neuesten Gesetzentwürfen beizustimmen, wenn sie die inzwischen neu geordneten Grund- und Gebäudesteuern, Klassen- und Einkommensteuern cumulirt als ergänzenden Steuermaßstab annehmen.

Allein auch dieser Fortschritt bleibt im vitiösen Cirkel, wenn die Gesetzgebung nicht direct, bestimmt und ein für allemal das Verhältniß festsetzt, nach welchem die Steuerzuschläge geschehen soll. Jede offene Stelle, welche wieder Gemeindebeschlüsse über die

*) Die älteren Entwürfe haben noch einige Variationen. Der Entwurf von 1819 will die Hausväter der ländlichen Schulgemeinden „nach Verhältniß ihres innerhalb des Vereins gelegenen Grundbesitzes, und wo solcher nicht vorhanden ist, ihres Einkommens oder Erwerbes, sei es durch Geld oder Naturalien oder eventuell durch Dienste heranziehen." Der auf die Grundstücke treffende Theil der Beiträge soll auf diesen als eine „Reallast" ruhen (Actenstücke Seite 41). Der von Bethmann-Hollweg'sche Entwurf will in den selbständigen Gutsbezirken die eine Hälfte der Schulkosten durch Zuschläge zur Staatsgrund- und Gewerbesteuer, die andere Hälfte nach der Zahl der Haushaltungen aufbringen (Actenstücke S. 207). Es ist anzuerkennen, daß die neuesten Gesetzentwürfe sich dagegen mit Recht an die directen Normalsteuern halten, nachdem inzwischen die Grund- und Gebäudesteuer einerseits, die Klassen- und Einkommensteuer andererseits durchgreifend neu geordnet waren.

Proportionen zuläßt, führt unmittelbar in die Collision der Interessen und in die Regierungsbevormundung zurück, welche jede wirkliche Selbständigkeit unseres Communalwesens unmöglich macht.

Während das historische selfgovernment an jedem Punkt mit der gesetzlichen Feststellung des Steuerfußes begonnen hat, möchte unsere Socialphilosophie immer noch eine Gemeinde-Autonomie des Steuerfußes festhalten, welche trotz aller Staatsbevormundung in die hülflose Verwirrung geräth, in welcher wir uns eben befinden. In der Wirklichkeit besteuert durch die Steuerbeschlüsse unserer Kreisstände, unserer Stadtverordneten, unserer ländlichen Gemeinde-Versammlungen überall die locale Majorität die Minorität, und die Aufsichtsbehörden sind froh, wenn sie mit leidlichem Anstand die Majoritätsbeschlüsse bestätigen können, sofern nur kein Widerspruch mit dem Staatssteuersystem und keine evidente Ungerechtigkeit an dem Majoritätsbeschluß sichtbar wird. Es schiebt sich dabei die beliebte Phrase von localen und berechtigten Eigenthümlichkeiten unter, während es sehr positive Steuerinteressen sind, nach welchen bewußt oder unbewußt die Mehrzahl so stimmt, um selbst möglichst wenig zu zahlen, Andere möglichst viel zahlen zu lassen. Dies unfertige System unserer Localbesteuerung macht in Gemeinden, Städten und Kreisen jede Art der Repräsentation zum Tummelplatz handgreiflicher Geldinteressen. Der Streit der gesellschaftlichen Klassen über die „richtige" Communalbesteuerung hat zunächst in den großen Städten begonnen; er schreitet aber fort von Gemeinde zu Gemeinde, je mehr die heutige Bildung zu einer rasch wachsenden Aufklärung der Menschen über ihre nächsten Interessen führt. Der Zeitpunkt liegt nicht mehr fern, in welchem die Steuerzahler einsehen werden, wie die Sache wirklich liegt: daß da wo der große Grundbesitz überwiegt, die Kreis- und Communalbedürfnisse auf die Klassen-, Einkommen- und Gewerbesteuer geschoben werden; daß umgekehrt, wo der bewegliche Besitz und die kleinen Steuerzahler überwiegen, möglichst Alles auf die Grund- und Gebäudesteuer abgewälzt wird. Dies ist (vielfach unbewußt) die Lage der Sache schon heute.

Die unabänderliche Begleiterin der unfertigen Steuerregel ist die dauernde Unselbständigkeit alles Gemeindelebens. Können wir wirklich daran denken, die wachsenden Bedürfnisse unserer Nachbarverbände noch länger so zu bestreiten, daß in acht Provinzialparlamenten, 327 Kreisparlamenten, 1000 Stadtparlamenten, 30000 Dorfparlamenten die Majorität die Minorität besteuern soll? so daß die Staatsbevormundung den einzigen Rechtsschutz der überstimmten Minoritätsinteressen bildet? Auf dieser unfertigen Grundlage beginnt unvermeidlich bei jedem Projekt neuer Kreis- und Gemeindeordnungen eine eifrige Berechnung des künftigen Stimmrechts des großen und des kleinen Besitzes, des Grund- und gewerblichen Besitzes, — ein accurater Calcul in jedem einzelnen Kreis-, Stadt- und Dorfverband, wie die steuerbeschließende Majorität zukünftig gebildet sein wird. Ueberall findet sich eine dringende Gefahr der Majorisirung durch bevorzugte Stimmen, und dies Verhältniß ist es, welches die Zusammensetzung der Kreis- und Gemeindevertretungen zu einem leidenschaftlichen Streit macht, in welchem sich Jeder zunächst als Besteuerter den Besteuernden gegenüberfühlt. An diesem Streit scheitern die meisten Entwürfe neuer Communalgesetze; denn über dem verworrenen Census-Streit kommt Niemand an die wirklichen Aufgaben einer Selbstverwaltung heran. — Alles Schelten auf die „Büreaukratie" führt aber eben so wenig weiter, wenn unsere Beamtenkörper an den einzelnen Stellen durch ihre Decrete die fehlende gesetzliche Regel ersetzen müssen, zu der sich die gesellschaftlichen Klassen nicht entschließen können.

Die Unfruchtbarkeit aller Bemühungen auch auf dem Gebiet des Schulwesens, die stabile Misère der kleinen Landschule ist vielleicht ein geeigneter Punkt, um endlich die Ueberzeugung zum Durchbruch zu bringen, daß kein Schritt vorwärts möglich, keine wirkliche Selbstverwaltung zu schaffen ist, ohne einen festen gesetzlichen Communalsteuerfuß.

Im Anschluß an das in der Provinz Preußen bereits geltende Gesetz, und an die in den Regierungsentwürfen nun wiederholt angenommenen Grundsätze, wird also die gesetzliche Steuerregel des selfgovernment in ihrer Uebertragung auf den Kreisverband endlich dahin zu formuliren sein:

die Kosten der Errichtung und Unterhaltung der öffentlichen Volksschulen sind durch gleichmäßige Zuschläge zu den im Kreisverbande zur Hebung kommenden Grund-, Gebäude-, Klassen- und klassifizirten Einkommensteuern aufzubringen.

Es liegt in der Gleichmäßigkeit dieser Zuschläge ein Element der Transaction, welches Majoritätsbeschlüsse auch in heterogen zusammengesetzten Parlamentskörpern ermöglicht, sofern die Staatsregierung entschieden dafür eintritt.

Ob damit aber das letzte Wort der Communal-Steuergesetzgebung gesprochen ist, bleibt allerdings mehr als zweifelhaft, und bedarf noch einer weiteren Erörterung.

VII.

Das System der realen Hausstandssteuer für die Provinzen, Kreise und Ortsgemeinden.

So entscheidend der obige Gesetzesvorschlag für die Grundlegung der Kreisverfassung sein wird, so wolle man sich doch nicht darüber täuschen, daß damit die endgültige Gestalt des Communalsteuersystems in Deutschland noch nicht gefunden ist. Die Verwirrung und Grundsatzlosigkeit der bisherigen Besteuerung in Land und Stadt, im Kreis- und Provinzialverband, lichtet sich durch eine gleichmäßige Heranziehung der direkten Steuern, welche in der heutigen Finanzverwaltung des Staats als die Normalsteuern anerkannt sind, allerdings. Es ist auch richtig, daß die Einseitigkeit der Grund- und der Personalsteuern in ihrer Anwendung auf die Communalbedürfnisse durch ihre Cumulation vielfach aufgehoben wird: ebenso oft wird sie aber auch verdoppelt und in ihrer Ungerechtigkeit verschärft. Es bleibt der unabänderliche Uebelstand stehen, daß unsere Grund- und Gebäudesteuer eine ungleichmäßige Grundlage unter sich, und daß beide kein commensurabeles Verhältniß zu dem Gesammteinkommen haben. Ein großes Einkommen mit seinem ganzen Betrage für einen Localverband heranzuziehen, während es an jeder Eingangsstelle bereits besteuert ist, bleibt ein ungehöriges Verhältniß, auch wenn eine besondere Steuer vom Grundbesitz noch hinzugefügt wird. Je höher die Procentsätze der Zuschläge steigen, desto fühlbarer werden diese Mißstände; je mehr Steuern neben einander mit Zuschlägen bedacht werden, desto mehr vervielfältigt sich die Doppel-Besteuerung desselben Objects für engbegrenzte Lokalzwecke. Und da gerade sehr einflußreiche Klassen durch diese Mißstände betroffen werden, so wird voraussichtlich die Communalbesteuerung Gegenstand einer wachsenden Agitation werden. Man wird nunmehr die Ueberleitung in ein einfaches normales System der Communalbesteuerung suchen, für welches die Reformgesetzgebung Preußens in der Zeit der Regeneration uns eine so folgenreiche Lücke hinterlassen hat.

Die tiefgehenden Reformen der Stein-Hardenbergischen Gesetzgebung, indem sie die dringendsten Reformen mit Recht voranstellten, sind bis zur Stufe der Localbesteuerung überhaupt nicht herabgegangen. Die spätere rückläufige Bewegung hat den ganzen Unterbau unter dem Landrathsamt in einer unentschiedenen, unfertigen Gestalt belassen, welche auch für das Communalsteuersystem bestimmend geworden ist. Für die altständische Gesellschaft war die Zumuthung neuer Steuern von jeher der empfindlichste Punkt. Die neue Erwerbsgesellschaft dachte immer zuerst an „steuerbewilligende" Dorf-, Stadt- und Kreisparlamente, durch welche alle Localbehörden zu „ausführenden Organen" der beschließenden Versammlungen werden sollen. Von den Interessen der Gesellschaft aus wurde daher eine gesetzliche Gestalt der Communalsteuern nie verlangt, welche unvermeidlich zur Uebernahme neuer Lasten führen mußte.

Zur Ausfüllung solcher Lücken sind wir im Allgemeinen gewöhnt auf die Erfahrungen unserer Nachbarländer zurückzugehen, und es ist in der That nicht zu bezweifeln, daß die Communen in England und Frankreich ziemlich vollständig die Combinationen enthalten, auf welche es in einer deutschen Reformgesetzgebung ankommen wird. Es ist aber ungemein schwer eine practisch zusammenhängende Kenntniß der Einrichtungen fremder Länder zu gewinnen; am schwersten ist es, wo die lebendigen Steuerinteressen mitsprechen.

Das Vorbild Frankreichs empfiehlt sich der heutigen Gesellschaft stets durch die Gesichtspunkte der Zweckmäßigkeit und Bequemlichkeit der Verwaltung, welche darauf berechnet ist, den besitzenden Klassen an keinem Punkte eine ernste Zumuthung persönlicher und verantwortlicher Thätigkeit zu machen, vielmehr den ganzen Staat auf eine zweckmäßig vertheilte Beamtenthätigkeit zu bauen, umgeben von mitbeschließenden, thatsächlich nur mitberathenden conseils. Diese wirklichen oder vermeintlichen Vorzüge kommen aber für das Communalsteuersystem nicht in Betracht, welches weder in noch außer Frankreich bisher für eine Mustereinrichtung erklärt worden ist. Es läßt sich vielmehr nur der negative Schluß ziehen: da das französische System, welches den communalen conseils gestattet Steuerzuschläge mit Erlaubniß der Staatsbehörden durch Majoritätsbeschlüsse zu creiren, die Communen nur zu unselbständigen Anhängen der Staatsverwaltung gemacht hat, so werden nach französischen Erfahrungen die Steuerzuschläge sich eben nicht als eine Basis communaler Selbständigkeit empfehlen. Und da auch in Preußen das bisherige System von Steuerbeschlüssen unter Bestätigung der Regierungen und Ministerien als ein Haupthinderniß communaler Selbständigkeit gewirkt hat: so sind wir darauf verwiesen, die erstrebte Selbständigkeit des Gemeindelebens vor Allem in selbständigen Gemeindesteuern zu suchen.

Das englische Vorbild, welches damit in den Vordergrund tritt, ergiebt, daß selbständige Gemeindeverfassungen zu jeder Zeit und an jedem Punkt auf dem Boden selbständiger Communalsteuern gestanden haben. Da aber nach Auflösung des Feudalstaates die Provinzen, Kreise und Gemeinden nicht mehr Staatskörper aus eigenem Recht, sondern Glieder des Staatsganzen sind, so können „selbständige" Steuern nur gesetzlich geordnete Steuern sein, d. h. in Uebereinstimmung mit den Rechts- und Finanzgrundsätzen des Staats gesetzte.

Alles Selfgovernment in England hat demgemäß seinen Anfang genommen von einer gesetzlichen Regel der Communalsteuer, und da die Natur des Staats unabänderlich ist, so ist es dabei geblieben, trotz hundertfältiger Umwandlungen der Gesellschaft und neuer socialer Ideen. Unsere bisherigen Versuche eine „Selbstverwaltung" ohne gesetzliche Steuern aufzubauen, von Jahr zu Jahr durch Gemeindebeschlüsse einen Steuerfuß festsetzen und durch die Verwaltungsbehörden bestätigen zu lassen, sind noch heute dem Vaterlande des Selfgovernment unverständlich, und selbst den Theorien der dortigen volkswirthschaftlichen Schule fremd.

Der Werth der englischen Staatsbildung liegt für uns überhaupt wohl weniger in der äußerlichen Nachahmung parlamentarischer Geschäftsformen, als in dem durchgebildeten Verhältniß der Kreise, Städte und Kirchspiele zu der Gesammtverwaltung des Staats, aus welchem die Parlamentsverfassung entstanden ist. Die alten Erfahrungen auf diesem Gebiet sind für uns schon aus dem Grunde nutzbar, weil das Zusammenrücken von ländlichem und städtischem Besitz, von Grund- und gewerblichem Besitz, welches bei uns erst seit Auflösung der feudalen Gesellschaft datirt, schon am Schluß des englischen Mittelalters vorhanden war.

Alles Selfgovernment beruht aber auf gesetzlichen Grundregeln, weil die Grundsätze der Gesammtheit auch die einzelnen Glieder beherrschen müssen; weil die heutigen Communalverbände nicht mehr Körperschaften aus eigenem Recht, sondern integrirende Glieder des Staatsganzen sind. Die gesetzliche Feststellung umfaßt aber diejenigen Punkte, welche von weiteren Gesichtspunkten der Gesammtheit aus, dem Interessenstreit der gesellschaftlichen Klassen innerhalb des Communalverbandes ein für alle Mal entzogen werden müssen, d. h. die Bezirke, die Objecte, die Subjecte und die Beitragspflichten der Commune.

Als Bezirke des Selfgovernment sind von Altersher fixirt

die Provinzial- und Kreisverbände (counties) und die Kirchspiele, in stetiger gegenseitiger Ergänzung, so daß der Kreisverband an persönlichen und Steuerlasten trägt, was der kleine Ortsverband nicht zu tragen vermag. Die Stadtverfassung bildet sich durch die Zusammenschiebung von Kreis- und Ortsverfassung in einem localen Körper.

Das gesetzliche Object des Selfgovernment bilden die auf dem Communalverband ruhenden staatlichen Funktionen: der Geschworenendienst der Civil- und Strafgerichte, die Sicherheitspolizei (Friedensbewahrung) im weitesten Sinne, die Wohlfahrtspolizei in einem allmählich wachsenden Maße, die Miliz-, die Wege- und Armenverwaltung.

Actives Subject ist nach der Gesetzgebung des XVI. Jahrhunderts jeder Inhaber eines Hausstandes im Communalverbande mit der Verpflichtung zum persönlichen Dienst und mit der Steuerpflicht nach dem Maßstab der visible profitable property in the parish.

Das Selfgovernment in dieser Gestalt erscheint als die Verjüngung des Gemeindelebens in dem aus der aufgelösten Feudalordnung hervorgehenden modernen Staat. Die dadurch formirten festen Nachbarverbände sind die Bausteine des Parlaments, die bestimmende Grundlage des Verfassungs- und Verwaltungsrechts, die Basis der Grundrechte der englischen Gesellschaft geworden.

Für die Zwecke der nachfolgenden Erörterungen kommen indessen nur in Betracht die Grundsätze, nach welchen die persönlichen und Geldlasten des Nachbarverbandes sich unter die Hausstände vertheilen, also das System der Communalbesteuerung, welches auf folgenden historischen Voraussetzungen ruht.

Die volle Steuerpflicht des großen Grundbesitzes war schon im XII. Jahrhundert durchgesetzt; die Kriegslehne unterschieden sich von dem gemeinen Freibesitz nur durch ein Mehr von Geldleistungen an die Krone. Es genügte, daß durch ein Gesetz die Restaurationszeit diese Mehrbelastung aufgehoben wurde, um in England die adligen Herrschaften und Rittergüter auf den Fuß des gemeinen Freibesitzes, „free and common socage", zu stellen. Gerade von dieser Gleichstellung an datirt die vollere Entwickelung der Aristokratie, welche von da an ihre hervorragende Stellung durch die persönliche Verwaltung der Kreisangelegenheiten zu gewinnen hatte.

Die directe Besteuerung im englischen Mittelalter war als Einkommensteuer gemeint, die schon damals prima facie als die normale Weise der Besteuerung erschien. Erst die reifere Praxis kam von der Vorliebe für Einkommensteuern zurück. Der Antheil des Mobiliarvermögens schwindet immer mehr zusammen, die alte verfassungsmäßige Einkommensteuer geht durch mehre Zwischenstufen unmerkbar in die moderne land tax über.

Als Communalsteuersystem erschien aber die mittelalterliche Besteuerungsweise schon aus dem Grunde unzureichend, da sie nur das Freisassengut (freehold) vollständig und gleichmäßig heranzog, während das hintersässige Bauergut (copyhold) in den Staatslasten der Anlage nach von der Gutsherrschaft vertreten war. Dies Verhältniß wurde unerträglich, als in der Periode der Tudors die Staatsbesteuerung wuchs. Es wurde unhaltbar, seitdem in Folge der Reformation der Staat die humanen Aufgaben der Kirche in sich aufnahm. Die Uebernahme der Armenlast auf den Staat hat die Entstehung eines neuen Communalsteuersystems zum Durchbruch gebracht. Unter Hinwegsetzung über alle älteren Mehr- oder Minderbelastungen von freehold oder copyhold, von Acker- oder Hausbesitz, wird jeder Hausstand, soweit er mit nutzbarem Realbesitz an dem Kirchspiel betheilt ist, nach seinem Ertragswerth zu gleichem Procentsatz zur Armensteuer herangezogen, und das System poor rate nunmehr von Menschenalter zu Menschenalter fortschreitend zum gleichmäßigen Steuerfuß für alle Provinzial-, Kreis- und Gemeindebedürfnisse erhoben, nach folgenden Gesichtspunkten.

1. Der Nachbarverband des Selfgovernment hat eine sachlich beschränkte Aufgabe. So entscheidend seine Bedeutung für die Zusammenfassung und Gewöhnung der Gesellschaft zur Selbstthätigkeit erscheint, so können sich doch die Aufgaben des Staatsganzen in seinen lokalen Gliedern nicht erschöpfen. Die Gesammtbeziehungen des Staats nach außen, die Colonialverwaltung, das stehende Heer, das System der indirecten Steuern und Regalien, wichtige Theile der Gerichtsverwaltung, die Kirche und die kirchliche Schule, entziehen sich der Decentralisation und lokalen Selbstverwaltung. Dem entsprechend beschränken sich auch die persönlichen Pflichten des Gemeindelebens auf die Beziehungen des Nachbarverbandes: Geschworenendienst, Polizeiverwaltung und Polizeidienst, directe Steuer- und Communalsteuererhebung, Miliz, Armen- und Wegeverwaltung. In Uebereinstimmung damit ist

2. die Communalsteuerpflicht eine sachlich beschränkte: — beschränkt auf die Beziehungen des Nachbarverbandes, — wie auch alle Communalsteuern in ihrem Entstehen nur Surrogate und Erleichterungen persönlicher Dienstpflicht darstellen. Dem entsprechend

ist nicht das ganze Vermögen des Gemeindegenossen der Gemeinde dienstbar (wie in den staatlich abgeschlossenen Gemeindeverbänden des Mittelalters), sondern nur die visible profitable property in the parish, d. h. Gebäude, Aecker, Bergwerke, Gewerbs- und Fabrikanlagen und aller ertraggebende Realbesitz, welcher dem Gemeindeverband dauernd zugehört. Als gerechter Maßstab der Besteuerung erscheint der jährliche Ertragswerth dieses Realbesitzes, der durch die lokalen Anstalten der Sicherheits- und Wohlfahrtspolizei, des Wegebaues und der Armenpflege in diesem Verbande ermöglicht und erhöht wird. Die Einkommensteuer als Communalsteuer aufzugeben, war man in England schon frühzeitig dadurch genöthigt, weil die besitzenden Klassen von Alters her zerstreute Lehne besaßen, und weil sie in Folge der Gewerbefreiheit und Veräußerlichkeit des Grundbesitzes schon in früheren Jahrhunderten ihre Einnahmequellen aus verschiedenen Grafschafts-, Stadt- und Gemeindeverbänden zu beziehen pflegten. Der Mißstand der multiplicirten Steuern wurde dadurch schon in früheren Jahrhunderten sichtbar. Die neueren Staatsbedürfnisse haben allerdings eine ergänzende property and income tax zurückgeführt, aber nur als eine für den Staat ausschließlich geeignete Steuerweise.

3. Der für das Communalwesen nothwendige sichere Maßstab war durch die Natur der realen Hausstandssteuer selbst gewonnen. Der jährliche Ertragswerth, d. h. der Nutz- und Pachtwerth eines lokalen Realbesitzes, ließ sich nach alter Praxis durch vereidete Nachbarsleute, ohne Gefahr der Willkür und Ueberschätzung, sicherer feststellen, als jede andere Weise einer Schätzung. Die Einschätzung, Erhebung und Verwendung der Communalsteuern wurde zu einem Hauptttheil des Selfgovernment selbst, vermittelt nur durch Kreis- und Gemeindebeamte, mit einer Recursinstanz bei den Friedensrichtern und einer Controllinstanz bei den Reichsgerichten wegen streitiger Fragen der Gesetzauslegung. Die Kreis- und Gemeindeverwaltung ging danach ihren gemessenen Gang, unabhängig von jeder Bestätigung, Entscheidung, jeder Einmischung einer Behörde der Staatsverwaltung. Das Selfgovernment erhielt damit von der ökonomischen Seite aus seinen festen, von dem System der zeitigen Ministerverwaltung unabhängigen Gang.

4. Die den Communalsteuern unentbehrliche Gleichheit der Grundlage war dadurch gewonnen, daß Acker- und Hausbesitz, gewerblicher, industrieller Besitz und jeder andere fixirte nutzbare Besitz nach gleichen Prozenten herangezogen war, so daß Stadt- und Dorfgemeinden, Kreis- und Ortsgemeinden ihre communalen Bedürf-

nisse sammt oder sonders befriedigen. Jede Combination vorhandener, jede Anerkennung neuer Communalbedürfnisse fand den bereiten gleichen Boden der Besteuerung vor. Auch im XIX. Jahrhundert hat die Besitzumbildung der industriellen Gesellschaft, die Einschiebung der größten industriellen Unternehmungen in den Rusticalbesitz, nirgends ein Hinderniß der Communalbesteuerung gefunden.

5. Für die persönliche Stellung der Gemeindegenossen ergab die Hausstandssteuer die biegsame Grundlage, welche dem Einzelnen von der Seite der Steuern aus seine Stellung im Gemeindeleben anwies. Im Unterschied von den Grundsteuern ist hier der nutzende Inhaber (occupier) verpflichtetes Subject, und damit auch dem Miether, Pächter, Nießbraucher die directe Stellung im Gemeindeverband angewiesen, welche das Zusammenleben im Nachbarverband bedingt. Als im XIX. Jahrhundert die Geldwirthschaft auch in das Gemeindeleben stärker eintrat, und die Gemeindelasten überwiegend als Steuerlasten formirte: so ergab sich aus dem Communalsteuersystem die neue Formation einer Kirchspiels-, Stadt- und Kreisvertretung, welche nun, den Steuermassen entsprechend, in klassificirtem Stimmrecht gestaltet wurde. Für die unabsehbaren Combinationen der alten und neuen Gesellschaft, für die Neubildung der Kreis- und Unterbezirke, enthielt die Hausstandssteuer das überall anwendbare elastische System.

Auf diesen Momenten beruht die Stetigkeit des englischen Communalsteuersystems. Wie das normannische Verwaltungsrecht schon im XII. Jahrhundert den gleichmäßigen Maßstab für die Besteuerung von geistlichem und weltlichem Gut, von Herrschaft, Rittergut, städtischem und Landbesitz geschaffen hatte: so hat die Gesetzgebung der Tudors durch Einfügung des „Hausstandes“ und der „visible profitable property“ die letzte Hand angelegt, um alle gesellschaftlichen Klassen in dem Lokalverband zu vereinigen. Die Armengesetzgebung Elisabeth's war insofern für Jahrhunderte entscheidend; denn sie hob das Communalwesen nicht bloß über die Hindernisse des Feudalsystems, sondern auch über die späteren Umbildungen der Gesellschaft hinweg. Der Maßstab für die Besteuerung von Eigenthümern und Miethern, der ackerbau- und gewerbetreibenden Bevölkerung, der Maßstab für Stadt und Land, war hier in einer wunderbaren Sicherheit gefunden, an der die englische Gesetzgebung und Praxis seit drei Jahrhunderten keinen Augenblick zweifelhaft geworden ist. Schon der eine Umstand, daß die englischen Reichsgerichte, die friedensrichterlichen und Gemeindeversammlungen diese ganze Zeit hindurch das

System der Besteuerung des „sichtbaren, nutzbaren Realeigenthums im Gemeindeverband" als die einzig zulässige Communalsteuer festhielten und durchbildeten, würde eine entscheidende Autorität sein. Wie niemals in England ein Uebergriff der communalen Autonomie in das Gebiet der Staatsgesetzgebung, so ist auch kein Uebergriff in die dem Staate zukommenden Personal- und indirecte Steuern geduldet worden. Gesetzgebung und Gerichte hielten consequent den Grundsatz fest, daß die Commune nur einen Hauptttheil, nicht aber das ganze der staatsbürgerlichen Pflichten umfaßt, daß sie Beiträge nur zu lokalbegrenzten Zwecken fordert. Völlig consequent hat auch die neue Socialgesetzgebung, trotz sonstiger Experimente, diese Art der Besteuerung und der jährlichen Einschätzung des wechselnden Mieths- und Pachtwerths durch die Ortsgemeinden festgehalten. In den zahllosen Gesetzen über die Armenverwaltung, in allen Wegeordnungen, in der neueren Gruppe der Gesundheits- und Baupolizeigesetze, in Hunderten von Lokalacten hat die Gesetzgebung von Menschenalter zu Menschenalter den Grundsatz geprüft und probat befunden. Ohne Gesetz, selbst gegen zufällige Variationen des Ausdrucks in einzelnen Gesetzen, hat sich dies Besteuerungssystem immer ausnahmsloser durch die Rechtsprechung der Gerichte durchgesetzt. Während die englischen Staatssteuern im Verlauf der Zeit fast jede Variation und Verkehrtheit von indirecten Steuern, jeden Modus von Vermögens-, Einkommen-, Klassensteuern practisirt haben, zeigt sich auf dem Gebiet der Communalsteuern nirgends ein Schwanken oder ein Zweifel.

Auf die Erfahrungen und Erfolge des englischen Selfgovernment hat man sich seit den Zeiten Montesquieu's bis heute berufen, als das vollgültige Muster der Einfügung selbständiger Provinzial-, Kreis- und Gemeindeverbände in die moderne Staatseinheit.

Als Vorfrage wird indessen heute wohl von allen Seiten anerkannt: wie weit die Vorbedingungen eines englischen Selfgovernment in dem deutschem Leben wirklich vorhanden sind?

Diese Frage ist mit äußerster Vorsicht zu beantworten, und großentheils zu verneinen, soweit es sich um die concrete Gruppirung der gesellschaftlichen Klassen handelt. Unsere Besitzverhältnisse, unser geistiges Leben, das Verhältniß von Staat und Kirche, von Kirche und Schule, auch unsere territorialen Gruppirungen sind wesentlich abweichend, und wir thuen recht, darin unserem Wesen und unseren Gewohnheiten zu folgen.

Unabänderlich aber bleiben die Anforderungen unserer Staatseinheit von der Seite der Militair-, Gerichts-, Polizei-, Finanz-, Kirchenhoheit an die communalen Glieder. Die Gesammtentwickelung unseres Staats durch den Absolutismus hindurch stimmt insoweit mit der englischen vollständig überein, daß unter dem Namen der Selbstverwaltung kein Rückfall in das mittelalterliche System, keine Neubildung von souveränen oder selbstsouveränen Communen aus eigenem Recht statthaft ist. Maßgebend bleibt also auch für deutsche Selbstverwaltung die stetige Unterordnung alles Communalwesens unter die Gesetzgebung und unter das Finanzsystem des Staats.

Folgerecht bedarf es auch für uns der gesetzlichen Feststellung der Punkte, auf denen die Uebereinstimmung des Ganzen und der Glieder beruht; und es sind das eben die Punkte, an welchen die Sprödigkeit des lokalen Partikularismus und der Streit der gesellschaftlichen Klassen die Entstehung einer deutschen Selbstverwaltung bisher gehindert haben. Es sind die Punkte, an welchen die nächsten Interessen der Gesellschaft mit den dauernden Lebensbedingungen des Staats in Widerstreit stehen.

Es bedarf auch für uns der gesetzlichen Feststellung der Bezirke der Provinzial-, Kreis-, Stadt- und Landgemeinden, unter möglichstem Anschluß an die vorhandenen, gewohnten Verhältnisse. Da aber unser ländliches Gemeindeleben, tief zerrissen und zerbröckelt, den meisten staatlichen Funktionen nicht gewachsen ist: so wird von dieser Seite aus (wie in England) der Kreisverband zu dem Hauptträger der Communallasten und der Communalverwaltung werden müssen. Die Dorfgemeinden und Gutsbezirke werden ungefähr nach Analogie der englischen Armengesetzgebung als lokale Glieder der Polizei-, Armen-, Schul- und Wegeverwaltung sich dem Kreisverband einfügen müssen. Die Stadtverfassung ergiebt sich dann als Vereinigung von Competenzen der Kreis- und Ortsverwaltung.

Das gesetzliche Object der Selbstverwaltung bildet nicht privatrechtliche, sondern staatliche Funktionen: Der Geschworenendienst in Strafsachen, die Verwaltung der Sicherheits- und Wohlfahrtspolizei, die Armen- und die Wegeverwaltung. Bleibt dabei für uns Manches beschränkter, so ist dagegen die Selbstverwaltung der Schule und das Landwehrinstitut für uns von ganz anderer Bedeutung als für England.

Actives Subject der Selbstverwaltung muß in unseren Landgemeinden wie in den Städten jeder Hausstand sein, mit der Verpflichtung zum persönlichen Dienst und zur Steuerpflicht nach dem Maßstab des dem Communalverband angehörigen Besitzes.

Für das Communalsteuersystem sind in Deutschland zwar sehr verschiedene Besitz-Combinationen vorhanden, aber es sind dieselben rechtlichen Gesichtspunkte maßgebend, welche in dem englisch-amerikanischen System seit Jahrhunderten als die richtigen erprobt worden. Die wirthschaftlichen Ideen und Interessen werden auch bei uns die Rücksicht auf das staatliche Verhältniß zur Commune, die Untrennbarkeit der persönlichen von der Steuerseite nicht aus den Augen verlieren dürfen. Auch für uns sind also die nachfolgenden Grundsätze maßgebend.

1. Der Nachbarverband der Kreis-, Stadt- und Landgemeinde hat auch bei uns eine sachlich beschränkte Aufgabe. Der lokale Particularismus wird anerkennen müssen, daß die Aufgaben des Staatsganzen sich in seinen örtlichen Gliedern nicht erschöpfen; daß die Gesammtbeziehungen des Staats nach außen, das stehende Heer, die indirecten Steuern und Regalien, wichtige Theile der Gerichts- und inneren Verwaltung, sowie die Kirche, sich einer Decentralisation und lokalen Selbstverwaltung entziehen; daß demgemäß die persönlichen Pflichten des Gemeindelebens sich auf das oben bezeichnete Gebiet beschränken.

2. Dem entsprechend ist auch die Communalsteuerpflicht eine sachlich beschränkte. Sie umfaßt nicht das ganze Vermögen der Gemeindegenossen, wie in den staatlich abgeschlossenen Stadtverfassungen des Mittelalters, sondern nur den dem Gemeindeverband dauernd zugehörigen Besitz; wogegen das bewegliche, aus anderen Quellen entspringende Einkommen, ausschließlich der Staatsbesteuerung dienstbar zu machen ist. Gerechter Maßstab ist auch für uns der jährliche Ertragwerth jenes fixirten Realbesitzes, der durch die lokalen Anstalten der Sicherheits- und Wohlfahrtspolizei, des Wegebaues, der Armenpflege, der Schule, in diesem socialen Verbande ermöglicht und erhöht wird. Die engere Beziehung der Schullast insbesondere zu dem Realbesitz wurde schon in dem Entwurf der Schulordnung von 1818 anerkannt durch die Bemerkung:

„Zur Basis für das Landschulwesen und seine Unterhaltung macht der Entwurf den Grund und Boden.“ Die Schullast sollte sogar „Reallast“ des Bodens werden (Aktenstücke S. 77). Der Mangel lag nur in der Beschränkung auf den rusticalen Grund und Boden, während Gebäude, Fabrik- und Gewerbeanlagen mit ihrem wachsenden, durch den Gemeindeverband gesteigerten Miethswerth, in gleichem Maße heranzuziehen sind. Auch unsere neuere Volkswirthschaftslehre ist im Allgemeinen zu dem Anerkenntniß gelangt, daß die Mehrzahl der

Communalausgaben durchschnittlich dem fixirten Grund- und gewerblichen Besitz zu Gute komme, und daß deshalb die reale Hausstandssteuer aus dem Gesichtspunkt der versio in rem das angemessene Steuersystem bilde*). Das System der „Haus- und Miethssteuer"

*) Das System der Communalbesteuerung ist erst in der jüngsten Zeit volkswirthschaftlich sorgfältiger erörtert worden, während die Litteratur der Staatsbesteuerung anerkanntermaßen an Ueberladung leidet. Der deutsche volkswirthschaftliche Congreß, wie schon bemerkt, hat sich große Verdienste erworben durch seine Verhandlungen zu Hamburg vom Jahre 1867, welche in Uebereinstimmung mit den obigen Gesichtspunkten die Einkommensteuern dem Staat, die Grund- und Gebäudesteuern der Commune vindiciren. Der Ertragswerth des dem Communalverbande zugehörigen Realbesitzes erscheint als der angemessene Maßstab des Beitrags zur Commune, sofern er gerade die Einnahme trifft, welche der Grundbesitzer aus den Vortheilen seiner Lage in dem Nachbarverbande bezieht. In den Städten ist der „Baustellenwerth" als das wirthschaftliche Produkt der Gesammtheit der städtischen Anlagen, oft in rapider Steigerung, am anschaulichsten nachzuweisen. Allein jener Gesichtspunkt wird durchschnittlich für jeden größeren und kleineren Grundbesitz, für rusticale wie gewerbliche Betriebsweise zutreffen: daß die Gesammtkosten eines geordneten Kreis- und Gemeindeverbandes sich zuletzt in einer Preissteigerung des unbebauten wie des bebauten Bodens consolidiren, daß alle Sicherheit und Erleichterung des Verkehrs, daß Gesittung, Bildung und Arbeitsamkeit der nachbarlich verbundenen Bevölkerung, daß jede Verbesserung der Communikationen, jede Verschönerung und Annehmlichkeit des lokalen Lebens, zuletzt als Niederschlag in dem Grund- und Gebäudewerth sich wiederfindet. Die Aufklärung der Zeit über ihre wirthschaftlichen Interessen wird insoweit auch für die Selbstverwaltung wohlthätig wirken. Nur wird die wirthschaftliche Auffassung für sich allein nicht genügen, um eine Selbstverwaltung in Deutschland zum Durchbruch zu bringen. Jede Art der Besteuerung ist und bleibt eine Verminderung des vorhandenen Gütervorraths, von deren Nothwendigkeit man den Einzelnen vom bloßen Standpunkt der Interessen aus kaum jemals überzeugt. Das ganze Gebiet der Besteuerungsfrage ist deshalb ein so streitiges geworden, daß jede Interessengruppe eine Kette von Streitargumenten gegen jede Art von Communalsteuern unter Berufung auf die „besten Autoritäten" zur Hand hat. Die Energie zur Durchführung eines Communalsteuersystems kann nur der Gesetzgeber finden, der den wirthschaftlichen und den sittlichen Menschen nicht von einander trennt, der in dem Gemeinde- und Kreisverband die nothwendigen Verbindungsglieder zur Bildung eines nationalen Gesammtwillens erkennt, in den Gemeindeinstitutionen die persönliche Bethätigung des Einzelnen am Staat, in den Gemeindesteuern die Surrogate persönlicher Thätigkeit. Diese Heranziehung der persönlichen Mitarbeit der gesellschaftlichen Klassen ist so sehr der Schwerpunkt, daß daneben der Steuermodus nur als Mittel zum Zweck erscheint. In dem englischen selfgovernment ist jene persönliche Seite so sehr die überwiegende, daß bis in dem neunzehnten Jahrhundert die Seite der Hausstandssteuer als das Secundäre, nahezu Selbstverständliche zurücktrat. Es kommt daher auch auf die Streitfragen, ob jede einzelne Ausgabe der Polizei-, Armen-, Schul-, Wegeverwaltung rc jedem einzelnen Mitgliede des Gemeindeverbandes gerade nach dem Maßstabe seines Realbesitzes zur Zeit zu gute komme, nicht wesentlich an, sondern auf die durchgreifende reale Fundirung der Gemeindeverbände.

hat sich auch in einer großen Anzahl von Stadtgemeinden (insbesondere auch in Berlin) zur Geltung gebracht, ist aber in der Mehrzahl der Ortschaften durch Beschlüsse der Steuerinteressenten in ein buntes Gemenge von Einkommensteuern verquickt. Die Mißstände einer multiplicirten Besteuerung ein- und desselben Einkommens sind freilich in Deutschland erst in neuerer Zeit fühlbar geworden, seitdem die Industrie das persönliche Einkommen aus den verschiedensten Besitzweisen und lokalen Anlagen combinirt. Die neueste Gesetzgebung hat die Abhülfe durch Ausnahmsclauseln gesucht, nach welchen der Steuerpflichtige das aus auswärtigen Grundbesitzungen fließende Einkommen als communalsteuerfrei reclamiren soll. Man hat die Ausnahme dann auf Gewerbsanlagen ausgedehnt und wird solche immer weiter ausdehnen müssen. Die wachsenden Verwickelungen einer solchen Flickgesetzgebung, die sich häufenden Widersprüche und Steuermultiplicationen für Actiengesellschaften, Banken, Eisenbahnunternehmungen &c., die sich häufenden Widersprüche in den Steuerbefreiungen der Beamten u. A. werden wohl den Grundsatz der realen Hausstandssteuer zum Durchbruch bringen.

3. Der für das Communalwesen nothwendige sichere Maßstab ist damit gewonnen, daß auch bei uns der jährliche Mieths- und Pachtwerth eines Realbesitzes durch die Gemeindebeamten ohne Gefahr der Willkür und Ueberschätzung, sich sicherer feststellen läßt, als jede andere Vermögensschätzung. Unsere städtischen Miethssteuern sind in 100 Fällen 95 Mal vollkommen klar festzustellen; wogegen für unsere inquisitorischen Feststellungen eines „Gesammteinkommens" in 100 Fällen 95 Mal jeder Maßstab fehlt. Auch in ländlichen Verhältnissen hat die Feststellung eines Pachtwerths unter Nachbarsleuten eine ganz andere Basis, als eine allgemeine Einkommensabschätzung. Wo der Maßstab der Realsteuern unsicher wird, bietet dann immer noch die Staatsgrund- und Gebäudesteuer eine Nachhülfe, welche für die Einkommensschätzung fehlt. — Einschätzung, Erhebung und Verwendung der Communalsteuern nach diesem Maßstab wird auch in Deutschland ein Haupttheil des selfgovernment selbst werden können, mit einer Recursinstanz bei einer stehenden Kreisverwaltungsbehörde, mit einer gerichtlichen Controllinstanz für streitige Gesetzauslegung. Unser Communalwesen wird damit erst unabhängig von der Bestätigung, Entscheidung und Einmischung der Staatsverwaltung; es erhält von der öconomischen Seite aus seinen von der Ministerverwaltung unabhängigen Gang.

4. Die den Communalsteuern unentbehrliche Gleich-

heit der Grundlage wird auch für uns dadurch gewonnen, daß Acker- und Hausbesitz, gewerblicher, industrieller und jeder andere fixirte nutzbare Besitz so herangezogen wird, daß Stadt- und Dorfgemeinden, Kreis- und Ortsverbände ihre communalen Bedürfnisse sammt oder sonders befriedigen; daß jede Combination vorhandener, jede Gruppe neuer Communalbedürfnisse den bereiten gleichen Boden der Besteuerung vorfindet. Die durch die Freizügigkeit, durch die massenhafte Einschiebung von Gewerbe, Handel und Industrie in den Rusticalbesitz und durch den industriellen Betrieb der Landwirthschaft selbst mit ihren neuen Fabrikationszweigen herbeigeführte Verwirrung der ländlichen Gemeindeverfassung ist damit gelöst.

5. Für die persönliche Stellung der Gemeindegenossen im Kreis-, Stadt- und Landgemeindeverband endlich ist damit die gleichmäßige jeder Fortbildung fähige Grundlage gewonnen, welche jedem Hausstand von der Seite der Steuern aus seine Stellung im Gemeindeleben anweist. An die Stelle der aufgelösten Schichtung des rusticalen Besitzes in Rittergutsbesitzer, Bauern, Halbbauern, Häusler 2c. tritt der nutzende Inhaber, occupier, als das verpflichtete Subject der Steuer ein, und damit auch der Miether, Pächter, Nießbraucher, der Kleinhändler, der Gewerbtreibende in die dauernde Stellung zur Landgemeinde, welche das sociale Zusammenleben im Nachbarverbande bedingt. Für die Repräsentation der Steuerzahler ist im Gemeinde- und Kreisverband dieselbe Grundlage gewonnen, welche unsere Städte schon seit zwei Menschenaltern durch ihre Städteordnungen erhalten haben. Für alle Combinationen der alten und der neuen Gesellschaft in Ackerbau, Gewerbe, Industrie und Handel, für neue Abgrenzungen unserer Landgemeindeverbände und für die Unterbezirke der Kreise entsteht die elastische Unterlage, deren mögliche Gruppirungen die englische Gesetzgebung des letzten Menschenalters bereits so durchexperimentirt hat, wie sie in irgend denkbarer Weise in Deutschland auftreten können.

Die so gestalteten Communalsteuern eignen sich zur Grundlage aller Gemeinde-, Kreis- und Provinzialverfassung, indem sie durch die stetigen Lasten und Interessen des Nachbarbesitzes die gesellschaftlich geschiedenen Klassen vereinigen und zusammenhalten. Die Incorporation der darauf basirten Gemeinden und Kreise wird auch in Deutschland den dauernden Nachbarverband des Selfgovernment herstellen, trotz der Veräußerlichkeit und Theilbarkeit des Grundbesitzes, trotz Gewerbefreiheit und Freizügigkeit. Die reale Hausstandssteuer ist in der That die einzige Weise, der Erwerbsgesellschaft den communalen Halt und Gemeinsinn von der Seite der öffentlichen Lasten zu geben.

Bei dem Uebergang in das geregelte Communalsteuersystem entsteht allerdings der Uebelstand, daß der **ländliche Grundbesitz** neben der neu geregelten Staatsgrundsteuer noch einmal herangezogen wird. Es ist daher der stärkste Widerstand von dieser Seite aus vorherzusehen, an welchem seit 1794 alle Entwürfe hauptsächlich gescheitert sind. Es könnte deshalb in Frage kommen, ob zur Ueberwindung dieses Widerspruchs eine Transaction einzugehen wäre durch Abrechnung der neuen Mehrbelastung auf die Staatsgrund- und Gebäudesteuer? In der That wird eine solche Abrechnung eintreten können und müssen, soweit durch neue Kreis- und Provinzialeinrichtungen der Polizei- und der Wegeverwaltung eine **Entlastung** des Staatsbudgets herbeigeführt wird. In der Neuvertheilung der bloßen Schullast dagegen scheint noch kein Grund zu liegen, dem Rittergutsbesitz besondere Compensationen zu gewähren, wenn man erwägt,

daß mit dem neuen Steuersystem die Sonderlasten des sogenannten **Schulpatronats** erlöschen, welcher nach Trennung der Schule von der Kirche keinen legalen Boden mehr hat, dessen Naturalleistungen zu der heutigen Wirthschaftsordnung nicht mehr passen, der auch in Oesterreich und anderen deutschen Ländern mit Recht schon beseitigt ist;

daß die besonderen Leistungen wegfallen, welche aus der früheren **Stellung des Gutsherrn zu den Unterthänigen** nach der bäuerlichen Hofverfassung folgten, und daß auch zu der subsidiären Haftung des Gutsherrn für die Schulbeiträge der Bewohner des Gutsbezirks (Art. VII Nr. 16 des neuesten Entwurfs) kein genügender Grund mehr vorhanden ist;

daß die bisher beschränkte **Ablösung der Naturalabgaben** an Körnern, Brennmaterial ꝛc. nach Maßgabe des Gesetzes vom 15. April 1857 in Zukunft allgemein zulässig wird, sobald durch die Kreisverfassung die Erhaltung der Landschulen hinreichend gesichert ist;

daß die reale Hausstandssteuer überhaupt den großen Grundbesitz durchschnittlich wenig mehr belasten wird, als das System der Staatssteuerzuschläge, wenn solche gleichmäßig auf die Grund-, Klassen- und Einkommensteuer gelegt werden.

In jedem Falle trifft das neue Communalsteuersystem den Besitz der **Gebäude** stärker, als den Ackerbesitz. In jedem Falle zieht es den **gewerblichen**, den Fabrikbesitz und beziehungsweise den **städtischen** Besitz in gleichem Maaße heran. Die Steuerstatistik des letzten Menschenalters in England beweist, daß an den wachsenden Communallasten der Landgemeinden der gewerbliche und industrielle Besitz sogar in rapide fortschreitender Progression Theil nimmt.

Ueberhaupt wird sich auch der große Grundbesitz an den Gedanken gewöhnen müssen, daß er von der Mehrbelastung der wachsenden Kreis- und Gemeindebedürfnisse nicht entbunden werden kann; daß der unentgeltliche Schulunterricht durch die große Zahl seiner Arbeiterfamilien ihm wirthschaftlich zu Gute kommt; daß schließlich jede Mehrbelastung im Communalleben durch politischen Einfluß aufgewogen wird. — Wenigstens ein Theil der Interessenten wird die Rechtmäßigkeit dieser Gesichtspunkte anzuerkennen geneigt sein. Schließlich wird sich aber finden, daß bei einer wirklich gleichmäßigen Vertheilung der Communallasten die Steigerung des Einzelnen viel geringer ausfällt, als sie erwartet wird.

Schon dieser eine schwerwiegende Differenzpunkt zeigt indessen, wie die Redaction eines Communalsteuergesetzes immer noch nicht die Verwirklichung eines neuen Communalsteuersystems enthält. Wer die allgemeinen Schwierigkeiten eines neuen Steuersystems kennt, wer insbesondere die Hindernisse einer Abänderung hergebrachter Communalbeiträge im praktischen Leben erfahren hat, wird sich nicht verhehlen, daß die Durchführung der realen Hausstandssteuer für Landgemeinden, Städte, Kreise, Provinzen, die unausgesetzte Arbeit von Jahren erfordert. Unsere Schulreform fiele damit in den Kreislauf zurück, in welchem sie seit 1794 sich befindet; denn mit der schweren undankbaren Aufgabe neuer Steuerauflagen sich ohne sichtbare Erfolge zu befassen, ist die öffentliche Meinung am allerwenigsten geneigt.

Soll daher nicht jeder Anlauf vergeblich bleiben, so bedarf es eines Uebergangszustandes wie für die meisten Schöpfungen unseres Communallebens. Der Gesetzgeber, unter Anerkennung des richtigeren, gleichmäßig anwendbaren Grundsatzes, muß sich entschließen, einen sofort anwendbaren, praktisch schon bewährten Steuermodus als Uebergang anzunehmen, um der Hauptreform Fortgang zu schaffen. Diese Erwägungen führen zu einer Ergänzung des im vorigen Abschnitt vorgeschlagenen Gesetzentwurfes dahin:

Die Kosten der Unterhaltung der Elementarschulen (wie die übrigen Bedürfnisse des Kreis- und Communalwesens) sind durch eine reale Hausstandssteuer aufzubringen, welche von jedem nutzenden Inhaber eines Land- und sonstigen Realbesitzes, eines Gebäudes, einer Wohnung, eines Ladens, eines Geschäftslokals innerhalb des Communalverbandes nach dem Mieths- und Pachtwerth durch Gemeindebeamte einzuschätzen, zu erheben und zu verwalten ist, nach Maßgabe des besonderen Communalsteuer-Gesetzes.

Bis zur Durchführung des Communalsteuer-Gesetzes sind die Kosten der Volksschule durch gleichmäßige Zuschläge zu den im Kreisverband zur Erhebung kommenden Grund-, Gebäude-, Klassen- und classificirten Einkommensteuern aufzubringen.

Die Durchführung des neuen Communalsteuer-Systems muß aber im Laufe von fünf Jahren erfolgen. Sind wir funfzig Jahre laug im System unserer Communalsteuern überhaupt nicht weitergekommen, so werden wir auch auf fünf Jahre und länger uns mit Uebergangssteuern behelfen können. Für Inhalt, Umfang und Methode des Communalsteuergesetzes giebt die englische Gesetzgebung ein Vorbild (Gneist, englische Communalverfassung I. S. 454—513), welches sich für uns hoffentlich vereinfachen wird.

VIII.

Die Bildung der Kreisvertretung.

Mit der Uebernahme der Schullast auf den Kreisverband und mit der gesetzlichen Feststellung des Steuerfußes ist endlich die Basis der Selbstverwaltung gefunden. Das ländliche Gemeindeleben, — zusammengefaßt in den Kreisverband, — wird damit zur universitas ordinata mit dem Anspruch auf eine communale Repräsentation.

Die Uebernahme der Schullast auf den Kreisverband (einschließlich der Städte) bedeutet schon nach dem Maßstab von 1864 einen Betrag von jährlich 8,000,000 Thlrn. an Lehrergehalten, 2,500,000 Thlr. an Baukosten und andern Schulbedürfnissen. Den Steuerzahlern wird das Recht einer Controlle durch gewählte Vertrauensmänner für so bedeutende Aufbringungen nicht zu bestreiten sein. Ist die Vertretung der städtischen Steuerzahler wegen ihrer Gemeindeleistungen in Preußen längst zugestanden, so wird eine Repräsentation der ländlichen Steuerzahler schon wegen ihrer im Jahre 1864 vorhandenen Schulgemeindelasten nicht zu verweigern sein; um so weniger, als es sich jetzt darum handelt, solche Beiträge durch Wegfall der Schulgelder und zur Verbesserung der Lehrergehalte annähernd zu verdoppeln.

Es fragt sich nur, in welchem Sinne eine gewählte Repräsentation in dem Communalverbande stattfinden kann.

Der lokale Partikularismus und die gesellschaftliche Grundanschauung denkt dabei gern an gesetz- und steuerbeschließende Versammlungen; so unvereinbar solche mit der Landesverfassung, Landesgesetzgebung und Staatsbesteuerung sind. Die Selbstgesetzgebung der Gemeindekörper würde in unabsehbaren Widerspruch mit der Gesetzgebung des Landtags treten; jeder Communalverband würde durch die Verweigerung der Geldmittel die gesetzlichen Anforderungen an die Gemeinden außer Kraft setzen; die Kreis- und Ortsparlamente würden die Landesparlamentsverfassung geradezu aufheben.

Diese Unklarheit wird indessen nur so lange dauern, als sich die „Kreisordnungen" auf dem allgemeinen Boden der Theorie bewegen. Mit dem Eintritt in die Wirklichkeit hat sich in unseren Stadtverfassungen die Einsicht gefunden, daß die gewählte Vertretung der Communen nicht ein Ortsparlament bedeutet, sondern eine Mitverwaltung durch Vertrauensmänner der Gemeinde nach Maßgabe der Landesgesetze und innerhalb der durch die Landesgesetze gegebenen Schranken. Dieselbe Auffassung wird sich auch für die Kreisverwaltung herstellen, sobald solche aus einem gedachten Schema zu wirklichen Einrichtungen übergeht.

Zu den durch Gesetz vorweg festzustellenden Fragen gehört in erster Stelle der Steuerfuß; mit der Voraussetzung des gesetzlich feststehendeu Steuerfußes tritt dann der entscheidende Fortschritt ein:

> Mit dem Grundsatz des selfgovernment geht die endgültige Bemessung des Communalbedürfnisses von den Staatsbehörden auf die Gemeindekörper über.

Dieser im englischen selfgovernment seit Jahrhunderten feststehende Satz setzt freilich voraus, daß die Körper der Selbstverwaltung hinreichend groß und vielseitig genug zusammengesetzt sind, um die Kirchthurmspolitik zu überwinden, welche das Kleingemeindenthum beherrscht. Mit der Zusammenfügung der Repräsentation in den ansehnlichen Kreisverband ist das entscheidende Hinderniß überwunden, und alle Erfahrungen Deutschlands lassen es als zuläßig erscheinen, der gewählten Kreisrepräsentation folgende bedeutungsvolle Rechte zu übertragen.

1) Die Ausgabebewilligung im Ganzen und im Einzelnen, die Feststellung des Gehaltsetats der Lehrer, der Bau- und Schulausstattungskosten und außerordentlichen Ausgaben; insbesondere

auch die Beschlußnahme über Anleihen zum Schulbau (die letzteren unter Bestätigung der Staatsregierung).

2) Die Prüfung der über die Schulverwaltung gelegten Rechnungen und die Decharge dieser Rechnungslegung.

3) Eine persönliche Betheiligung der Mitglieder der Kreisvertretung an der Schulverwaltung, wie solche auch in den deutschen Städteordnungen das Lebensprinzip der Selbstverwaltung geworden ist.

Sind damit die Functionen der Kreisvertretung im Allgemeinen bestimmt, so thürmen sich freilich neue Schwierigkeiten auf in dem Streit über die Theilnahme an dieser Vertretung und über die Vertheilung der Wahlrechte.

Für die Gesetzgebung liegt die Frage anscheinend einfach so, daß die Natur und der Zweck der Geschäfte die Zusammensetzung der gewählten Vertretung ergeben müßte. Allein das gesellschaftliche Leben denkt immer zuerst an die eigenen Machtverhältnisse, also nur an eine Form der Beschließung, an eine Form des Einflusses, und an den Klassen-Antheil dabei. Erst hinterher und nebenbei sucht man nach den entsprechenden Geschäften für eine Kreis- und Gemeindeverfassung, welche dann aber nicht aufzufinden sind.

Auf solchem Irrwege ist in Preußen seit einem Menschenalter eine sogenannte Kreisverfassung und eine Kreisstandschaft entstanden, welche nach einem landständischen Beschließungs- und Steuerbewilligungsrecht suchte, für welches im heutigen Staat kein Gegenstand mehr vorhanden ist. Die Staatsregierung, welche selbst die Initiative zu diesen Ideologien ergriffen hat, wird sich nicht beschweren können, wenn sie den gesellschaftlichen Widerspruch selbst auf dies Gebiet geführt hat. Die Gegenmeinung sucht nun durch gewählte Kreis-, Stadt- und Dorfparlamente denselben Gegenstand landständischer Autonomie und Steuerbewilligung, — nur für andere Klassen der Bevölkerung. Die Masse der kleinen Steuerzahler beansprucht nun auch ihre Virilstimmen; jede besondere Klasse des Besitzes daneben etwas Besonderes für sich; jede politische Theorie hat ihre individuelle Auffassung über die Vereinigung Aller mit Allen. Der gesuchte Gegenstand der parlamentarischen Beschließung ist aber im heutigen Staate überhaupt nicht mehr zu finden.

Jeder Entwurf einer neuen Kreisverfassung muß sich gefallen lassen, den Kreislauf dieser Streitfragen noch einmal durchzumachen, bis alle Meinungen durch Gruppirung größeren in Massen sich gegenseitig überstimmt und beseitigt haben.

Der große Grundbesitz verlangt noch immer Virilstimmen, welche sich einst in den kleinen landständischen Verfassungen an den Besitz eines Ritterguts knüpften, für die es im heutigen Staat aber keine andere Weise mehr gibt, als die Uebernahme eines Ehrenamts; die pflichtenlose Ertheilung solcher Rechte dagegen hat erfahrungsmäßig nur den Erfolg der Unthätigkeit, Trägheit und Einflußlosigkeit der zur Selbstverwaltung berufensten Klassen.

Ebenso unhaltbar ist die Bildung von Collectivstimmen: Vorschläge wie die einer Gleichstellung der Steuerzahlung von 6000 Thlr. Grundsteuerwerth, mit einem Repräsentanten von 6000 Köpfen ländlicher Bevölkerung oder 4000 Köpfen städtischer Bevölkerung scheitern an ihren incommensurabelen Größenverhältnissen.

Ebenso unangemessen ist die Einführung einer besondern Klasse von Meistbesteuerten in einer Durchkreuzung mit dem alten System der Besitzstandschaften: werden die Großgrundbesitzer unter den Meistbesteuerten mit inbegriffen, so entsteht eine doppelt-privilegirte Vertretung der Rittergüter; werden sie ausgeschlossen, so kommt eine übertriebene und einseitige Vertretung gewerblichen Besitzes zum Vorschein.

Ebenso widerstrebend der heutigen Gesellschaft ist eine jede Beschränkung der passiven Wahlfähigkeit.

Nicht minder uneinig sind aber die Klassen der neu formirten Erwerbsgesellschaft.

Nach dem angeblichen Grundsatz „gleiche Rechte, gleiche Pflichten" wird für den kleinsten Steuerzahler das gleiche Recht beansprucht wie für den größten; während doch das politische Recht der Gleichheit (Pärie) nur aus persönlichen Leistungen für das Gemeinwesen hervorgeht, die in dem Kreisverband erst entstehen sollen.

Unsere besitzenden Klassen dagegen sind durch die Erfahrungen Frankreichs im suffrage universel und durch die unendlich multiplicirten und verschleuderten Stimmrechte in Deutschland allmählich so ernüchtert, daß ohne eine einigermaßen gesicherte Stellung des Besitzes keine neue Communalverfassung mehr zu Stande zu bringen ist.

Die practische Erfahrung der europäischen Welt zeigt bisher nur, daß in England wohl begründete Communalfreiheiten durch ein allgemeines gleiches Stimmrecht zerstört worden sind; an keinem Punkte dagegen ist eine freie Communalverfassung auf dem Boden absoluter Gleichheit der Steuerzahler bisher zu Stande gebracht. Die europäische Welt hat die Nachwirkungen ländlicher Unterthänigkeit und eines absoluten Kirchenregiments bisher noch nirgends zu beseitigen vermocht.

Die in dieser Kreisbewegung unlösbaren Gegensätze lösen sich, wenn die Staatsregierung die Initiative ergreift, um die einfache Wahrheit zur Geltung zu bringen, daß eine Kreisschulverwaltung in ihrem Entstehen eine Steuerfrage ist. Als Controlle der Kreisschulsteuern und ihrer Verwendung wird die Kreisvertretung in der Weise zu bilden sein, in welcher die Steuern aufgebracht werden, also zur Zeit nach dem Maßstab der directen Staatssteuern.

Eine solche Vertretung braucht nicht erst erfunden zu werden, sondern ist seit 20 Jahren vorhanden in den Wahlkörpern und Wählerlisten zum Preußischen Landtag. Es bedarf also keiner Neu-Erfindung von Wahlsystemen. Unsere Parlamente häufen sich bereits so, daß eines das andere aufhebt, wenn zu den vorhandenen noch neue Kreis-, Stadt- und Dorfparlamente hinzukommen. Es wird richtig sein, daß alle gewohnheitsmäßige Selbstverwaltung zu einem System gleicher Wahlrechte hinführt. Es ist das die historische Entstehung aller Pärien im öffentlichen Leben: allein die gewohnheitsmäßige Selbstthätigkeit soll erst durch die neue Gesetzgebung entstehen. Die Zukunft wird diese Gewohnheit und diese Pärie entwickeln: bis sie actuell vorhanden, ist eine Vertretung der Steuerzahler nach dem Maß der direkten Steuer die den vorhandenen Verhältnissen entsprechende.

Diese Gesichtspunkte haben im Jahre 1849 die Entstehung des Dreiklassensystems der Steuerzahler in Preußen herbeigeführt. Wozu also unter endlosem Streit noch einen umständlichen neuen Wahlapparat schaffen in unsern schon an Hypertrophie leidenden Wahlsystemen? Die Uebereinstimmung des Wahlsystems für den Kreis und für die Landesvertretung gilt überall als ein normales Verhältniß, und kann so lange dauern, bis beide zu gemeinsamer Reform und zur Verschmelzung mit den Wahlsystemen des deutschen Bundes gereift sein werden.

Es können demnach die vorhandenen Wahllisten auch für die Kreiswahlen zu Grunde gelegt werden.

Die Zahl der Abgeordneten für den Kreis wird nicht zu hoch zu bemessen sein, da das Zusammentreten der Kreisverordneten durch die Ortsentfernungen sich viel beschwerlicher und kostbarer gestaltet, als in der zusammenwohnenden Bevölkerung der Städte. Es würde sich danach wohl ein Zahlenverhältniß von 24 bis 48 Kreisverordneten empfehlen, — durchschnittlich etwa ein Abgeordneter auf 2000 Seelen, — mit Innehaltung jenes maximum und minimum.

Diese Communalwahlen können direkt erfolgen, so daß die erste Klasse in einem Wahlact für den ganzen Kreis, die zweite Klasse nach

Amtsbezirken, die dritte Klasse nach Ortsgemeindebezirken je ein Drittel der Abgeordneten wählt, mit Vorbehalt einer engeren Wahl in Ermangelung absoluter Majorität.

Unter gleichem Steuer- und Wahl-Gesetz wird dann (wie im englischen selfgovernment) die individuelle Gestaltung der Gesellschaft zur Geltung kommen, d. h. in den östlichen Provinzen häufig ein starkes Uebergewicht des großen ländlichen Besitzes, in den westlichen Landestheilen häufig ein Ueberwiegen des großen industriellen Besitzes, gerade so wie es in jedem Kreise den Verhältnissen des Besitzes und der Selbstthätigkeit der besitzenden Klassen entspricht. Anderweitige Zahlenabschichtungen durch Gesetz oder „Statut", wie in den bisherigen kreisständischen Verfassungen würden ein grundloses willkürliches und erfolgloses Experiment bleiben.

Ist die Kreisvertretung wirklich ihrer Bestimmung gemäß formirt, so wird es auch möglich, ihre bestimmungsmäßigen Functionen in vollem Umfange durchzuführen. Die Erfahrungen unserer Städteordnungen seit zwei Menschenaltern, die Erfahrungen des englischen selfgovernment seit Jahrhunderten bestätigen, daß unter Wegfall der Staatsbevormundung den großen Communen die Abmessung des Bedürfnisses selbständig überlassen werden kann; wenn nur die Organisation der Verwaltung dafür sorgt, durch die persönliche Mitthätigkeit aller gesellschaftlichen Klassen das Interesse, das Verständniß, das Bewußtsein der Verantwortlichkeit zu erwecken und zu erhalten. Der Kreisvertretung die Feststellung des Finanzetats selbständig zu überlassen, liegt unter jener Voraussetzung im Interesse der Schulen und der Lehrer selbst.

Seit funfzig Jahren datirt in Preußen ein vergebliches Bemühen, Minimalsätze für die Lehrergehalte durch Gesetz fixiren zu wollen. Jenes Bestreben war erklärlich aus dem dürftigen Maßstab der Lehrerbesoldungen; aus dem Wunsch, wenigstens den nothdürftigsten Lebensunterhalt zu sichern; aus dem Bedürfniß, für die Regulative der Verwaltung doch irgend eine feste Schranke nach unten hin zu finden; zugleich aber auch aus der Unklarheit über das, was in öffentlichen Verhältnissen überhaupt durch Gesetz zu fixiren ist.*) Wenn man sich

---

*) Die früheren Entwürfe preußischer Schulgesetze seit 1819 haben eine gesetzliche Vorschrift über Gewährung von freier Wohnung, Feuerung, eines kleinen Landbesitzes und Gehalten von 100 Thalern oder etwas höheren Summen versucht, welche gut gemeint, und vielleicht an vielen Punkten angemessen waren. Bestimmungen in gleichem Sinne enthält die Gemeinheitstheilungsordnung. Aber überall passen die Naturalausstattungen der Schule heute doch nicht mehr. Sie sind abhängig

dabei auf den Vorgang kleinerer deutscher Staaten beruft: so folgt aus dieser Analogie nur, daß ein Normaletat für unsere Regierungsbezirke, allerhöchstens für unsere Provinzen ausführbar sein würde. Darüber hinaus wäre es sachwidrig, denselben Geldansatz für Litthauen wie für die Rheinprovinz anzunehmen; und innerhalb derselben Provinz bestehen oft dieselben Verschiedenheiten im Preise der Wohnungen und der Lebensbedürfnisse, wie im Bereich verschiedener Provinzen.

Die gesetzliche Fixirung dieser Sätze ist auch zum großen Theil ein Scheinwesen, da Wohnung, Ackerbesitz und Naturalpräftationen sehr willkürlich und wechselnd nach Geld veranschlagt werden. Es mag in den östlichen, überwiegend ackerbautreibenden Landestheilen ausführbar und wünschenswerth sein, einen Theil des Lehrerunterhalts in Land und Naturalpräftationen zu gewähren; in anderen Landestheilen wird dies weder ausführbar noch angemessen sein.

---

von den Agrarverhältnissen und von dem Maß, in welchem die Naturalwirthschaft oder die Geldwirthschaft in den Communen vorherrscht, — was nicht bloß nach Provinzen, sondern selbst nach Kreisen und noch kleineren Bezirken sich verschieden gestaltet. Es hängt auch von wirthschaftlichen Gewohnheiten ab, ob es wirklich wünschenswerth ist, den Pfarrer und den Schullehrer zu einer Ackerbaubeschäftigung zu veranlassen, vielleicht gegen persönliche Neigung und gegen örtliche Sitte. Das überall praktische englische selfgovernment hat es stets vermieden, Festsetzungen der Art allgemein gesetzlich fixiren zu wollen. Die 1867—68 von der Staatsregierung vorgelegten neuen Gesetzentwürfe nehmen keinen Minimalsatz der Lehrergehalte an, sondern solcher soll durch einen Beschluß der „Provinzialvertretung" bestimmt werden. Die Provinzialvertretungen in ihrer bisherigen Gestalt besitzen dazu aber weder das nöthige Vertrauen, noch die ihnen beigemessene Sachkenntniß, um die Berechnung der Landdotationen und Naturalpräftationen und die Abmessung der Gehalte nach örtlichem Bedürfniß vorzunehmen, — was überhaupt für den großen Umfang einer Provinz von Provinzialständen schwerlich besser geschehen würde als von einem Regierungs-Kollegium.

Eine Zusammenstellung der in den kleineren deutschen Staaten publicirten Gesetze über einen Minimalsatz der Lehrergehalte enthält der Anhang zu dem Bericht der Unterrichtscommission von 1862. Es sind dies Feststellungen, welche einer Fixirung der Lehrergehalte in unseren Regierungsbezirken, zum Theil auch nur in unsern Kreisverbänden entsprechen würden. Einen größeren Maßstab bietet nur das bairische Gesetz vom 10. Nov. 1861, welches ein Gehaltsminimum von 350 fl. (200 Thlr.) annimmt. Ueber den nicht befriedigenden Gesammtzustand vgl. „Die Verhandlungen über das bairische Schulgesetz in der Kammer der Reichsräthe, Augsburg 1869." Der neueste bairische Entwurf bildet wieder vier Stufen der ordentlichen und der Hülfslehrergehalte, welche zunächst nach der Bevölkerungszahl der Gemeinden, dann aber auch wieder mit einer Unterscheidung der Provinzen abgemessen werden. Man entzieht durch solche Feststellungen den großen Körperschaften der Selbstverwaltung gerade das, was der Schwerpunkt ihres freien Ermessens sein kann und soll, den berechtigten Theil ihrer Machtbestrebungen.

Vor allen Dingen aber ist die gesetzliche Fixirung von Minimalgehalten dem Interesse der Lehrer selbst nachtheilig. Für die Communalbewilligungen wird damit ein knapper Maßstab gesetzt, an welchen sich der Sparsamkeitssinn nur zu gern anklammert. Bis in die neueste Zeit hat die Staatsverwaltung in Erinnerung bringen müssen, daß solche Minimalsätze überschritten werden müssen, wo in concreto ein Bedürfniß dafür vorhanden und die Mittel der Schulgemeinde dafür ausreichen. Eine gesetzliche Fixirung wirkt an dieser Stelle vielmehr als Hemmschuh der Erhöhung wie als Garantie gegen zu niedrige Ansätze, und schadet dem so wünschenswerthen System eines allmäligen Aufsteigens der Gehalte mit dem Dienstalter, mit Rücksicht auf einen schweren Dienst und besonders tüchtige Leistungen.

Die freigiebigere Verbesserung der Lehrergehalte, die Rücksicht auf örtliches Bedürfniß, auf schweren Dienst und vorzügliche Leistungen, läßt sich nur dann erreichen, wenn man den großen Communalverbänden die freie Feststellung der Etats überläßt. Die Selbstverwaltung erzeugt in den intelligenten Vertretern eines großen Communalverbandes das lebendige Interesse an der Schule und das persönliche Interesse für die Lehrer, welches die gesetzliche Minimalgehalte weit überbietet. Alle großstädtischen Schulen liefern den Beweis, daß die Selbstverwaltung fast durchgängig höhere Sätze annimmt, als die gesetzlich gebotenen. Der große Maßstab einer Kreisverwaltung und einer verwaltenden Kreis-Schul-Commission bietet dieselben Garantien dar, denen die Gesetzgebung getrost die Schuletats anvertrauen mag, umsomehr als die Aufstellung des Jahresetats durch die ständige Verwaltungsdeputation selbst erfolgt. Die Garantie, daß zur Herabsetzung der Lehrergehalte die Zustimmung der Staatsbehörde vorbehalten wird, läßt sich auch für die Kreisverwaltung beibehalten. Im Uebrigen wird eine Kreisschulverwaltung in voller Selbständigkeit und Freiheit der Bewegung auch den Erfolg liberaler Bewilligungen haben.

Durch Formation der Kreisvertretung entsteht nun aber ein neues Verhältniß der Kreise zu den darin einbegriffenen Stadtgemeinden, welches die gewohnten Beziehungen zwischen beiden völlig verändert. Bisher lag in der unorganischen Gestalt der Verfassung des platten Landes ein Haupthinderniß für die Selbständigkeit der Städte, weil die Staatsbehörde die gegenseitigen Rechtsbeziehungen zwischen Stadt und Land durch ihr „Aufsichtsrecht" wahren mußte. In Zukunft wird die Selbständigkeit der Kreisverbände auch den Stadtverfassungen zu gut kommen. Die beiderseitigen Interessen sind in so weit identisch. In jedem Gebiet des selfgovernment ist indessen der Antheil der Städte im Verhältniß zum Kreisverband ein etwas verschiedener, und mit Rücksicht darauf wird es wie im englischen selfgovernment einer besonderen gesetzlichen Regelung bedürfen.

Die nächste Bestimmung der Neugestaltung des Kreises für die Schulverwaltung ist die Schullasten der ländlichen Schulsocietäten auszugleichen, und die verhältnißmäßige Erhöhung der Lehrergehalte auf dem Lande zu beschaffen. In den Städten ist bereits für den relativ besseren Maßstab gesorgt und eine geeignete, ziemlich selbständige Verwaltung vorhanden. Es ist daher weder nothwendig noch zulässig, die städtischen Schulverwaltungen nach einheitlichem Schema in die Kreisschulverwaltung aufzulösen. Es kann vielmehr von diesem Gesichtspunkte aus bei dem status quo der Steuerverhältnisse und der Verwaltung der Stadtschulen verbleiben.

Andererseits ist eine völlige Trennung der Stadtverwaltungen von den Kreislasten und von der Kreisverwaltung in den wichtigsten Beziehungen, wie für die Armen-, Wegeverwaltung u. a., nicht möglich. Die Freizügigkeit, die Gesammtentwickelung der Verkehrsverhältnisse wird in Zukunft noch viele Verhältnisse gemeinsam machen, welche heute äußerlich getrennt sind. Bei grundsätzlicher Ablösung der Städte vom Kreisverband müßten alle diese Beziehungen durch ein „Aufsichtsrecht" der Staatsbehörden gewährt werden, welches immer wieder zur Staatsbevormundung zurückführt; und zwar künftig zum Nachtheil der Städte gegenüber dem besser geordneten Kreisverband. Die Trennung führt daher unvermeidlich zu einer Abschwächung der Selbständigkeit des Gemeindelebens. Die geschichtliche Entwickelung und Blüthe des selfgovernment giebt den überzeugenden Beweis, daß die organisirte Zusammengehörigkeit von Stadt und Land Lebensbedingung für die freie Entwickelung der Kreis- und Gemeindeverfassungen und für die Bedeutung der Kreisverbände als Wahlkörper der Landesvertretung bildet.

Diese Zweiseitigkeit des Verhältnisses gilt auch für die Verwaltung des Schulwesens und führt zu folgenden Unterscheidungen.

1. Die großen Städte haben das Bedürfniß und die Fähigkeit zu einer abgeschlossenen vollständigen Kreisverfassung in sich. Schon die Städteordnung von 1808 hat die „großen" Städte hervorgehoben und mit einigen Vorrechten ausgestattet, nur ist die damals vorgenommene Abgrenzung einer Einwohnerzahl von 10,000 für die heutigen Verhältnisse zu niedrig. Für die

28 Städte über 25,000 Seelen, und noch für einzelne darunterstehende wird sich nach heutigen Verhältnissen die Anerkennung als selbständiger Kreisverband für die Schule, wie für die Polizei-, Armen-, Wegeverwaltung rechtfertigen. Die gesetzliche Selbständigkeit der Kreisverbände wird diesen Städten unmittelbar zu statten kommen.

2. Die Mehrzahl der mittleren und kleineren Städte kann ihr bereits geordnetes Schulsystem beibehalten und gesonderte Schulverwaltungsbezirke innerhalb des Kreises bilden. Ihr Anschluß an die Kreisverwaltung wird aber im Sinne der Selbstverwaltung erforderlich, um in den Fällen, in welchen bisher die Genehmigung und Bestätigung der Staatsbehörden zu Maßregeln der äußeren Schulverwaltung erfordert wurde, dafür die Genehmigung der Kreis-Schul-Commission (Abschn. IX) zu substituiren, in welcher nun auch die Städte zu vertreten sein werden, mit einem Antheil an den Generalkosten der Kreisschulverwaltung. Diese Verbindung ist nicht nur aus allgemeinen politischen Gründen rathsam, sondern nahezu unentbehrlich, um für die Kreis-Schulcommissionen die Intelligenz der Städte zu gewinnen und umgekehrt. Unter Beibehaltung eines gesonderten Etats und gesonderter Lokalverwaltung für die Stadtschulen wird also die Centralverwaltung des Schulwesens im Kreise, namentlich von der Seite des Personals aus, eine gemeinschaftliche sein können und müssen.

3. Für die kleinsten Städte wird sich der Gesichtspunkt der Gemeinsamkeit sogar als ein zwingender herausstellen. Wir haben unter den sogenannten „Städten" zur Zeit 46 Ortschaften unter 1000 Seelen, im Ganzen 282 Ortschaften unter 2000 Seelen, welche in der alten Gesellschaftsordnung die formalen Rechte von Stadtcorporationen zu Unrecht erhalten haben. Wie der deutsche Feudalismus alles Staatliche zu zwerghaften Bildungen zersplittert hat, so figuriren hier eine Anzahl Stadtgemeinden auf gleicher Stufe mit den lebensunfähigen Dorfgemeinden. Sobald es mit dem System der Selbstverwaltung Ernst wird, wird sich ergeben, daß diese Pseudo-Städte weder den Anforderungen an Steuern, noch an Ehrenämter genügen, noch einen Beamten von höherer Bildung als Bürgermeister zu besolden vermögen. Sobald das Gesetz die nothwendigen Anforderungen stellt, werden solche Stadtgemeinden ihre Incorporation in die Kreisverwaltung allmälig selbst nachsuchen.

Soweit die Städte demgemäß eine coordinirte Schulverwaltung im Kreisverbande führen, kommt ihnen ein entsprechender Antheil an der Kreisvertretung und der ständigen Kreisbehörde zu. In erhöhtem Maße wird sich diese Vertretung aus der gemeinsamen Armen- und Wegeverwaltung ergeben. Da die Verbindung mit dem Kreisverband aber auf dem Grundsatz der gleichen Steuerpflicht beruht, so ergiebt sich, daß auch die Stadtverbände nach dem Verhälniß ihrer Steuermassen an der Kreisvertretung zu betheiligen sind.

Nach diesen Gesichtspunkten würden zunächst die kleinen Städte mit wenigstens einem Vertreter der Kreisvertretung hinzuzufügen sein. Für die größeren Städte bestimmt sich das Verhältniß zur Schul- wie zur Wege-, Armenverwaltung ꝛc. nach ihrer Gesammtsteuermasse, so lange noch die städtischen Steuern als Zuschläge zu den Staatssteuern auftreten. Die Stimmzahl solcher Städte bemißt sich dem entsprechend nach der Gesammtsumme ihrer directen Steuern zu denen des Kreises. Für die Wahlen der städtischen Kreisverordneten bedarf es keiner Neuerfindung: die Wahl kann durch die bestehenden Stadtverordnetenversammlungen erfolgen.

Das Resultat dieser Vorschläge für die Kreisvertretung ist, vorbehaltlich der Fassung nach Gesetzesparagraphen:

Zur Repräsentation des Kreises für die Schulverwaltung (und für die übrigen Gebiete des selfgovernment) wird eine Versammlung von Kreisverordneten gebildet, zu welcher

1. die Landgemeinden und Gutsbezirke eine Anzahl von 24—48 Kreisverordneten nach den bestehenden Gesetzen über die preußische Landesvertretung;

2. die Stadtgemeinden wenigstens 1 Kreisverordneten, die größeren so viel Kreisverordnete, wie nach Verhältniß des Gesammtbetrages ihrer directen Steuern auf sie fallen, durch die Stadtverordnetenversammlungen zu wählen haben.

Der Kreisversammlung gebührt die Feststellung des Gesammtetats der Verwaltung, die Bewilligung der ordentlichen und außerordentlichen Ausgaben und Anleihen, die Prüfung und Decharge der Rechnungen, und die Betheiligung an der Verwaltung unter den nachfolgenden Maßgaben für die Bildung der Kreisschulcommission und der Lokalcuratorien.

IX.

Die verwaltende Kreis-Schulcommission.

So bedeutungsvoll die Beschließung der Kreisvertretungen für den Etat des Schulwesens und die Ordnung des Rechnungswesens sein wird, so kann doch die gewählte Kreisversammlung nicht selbst verwaltender Körper sein.

Nachhaltiger noch wird sich die actuelle Verwaltung des Kreis-Schulwesens für die Wiedererweckung des Gemeinsinns erweisen. Mit dieser persönlichen Verwaltungsthätigkeit erst beginnt die eigentliche Selbstverwaltung; ja das historische selfgovernment in England beschränkt sich sogar auf diese Verwaltung, und hat eine Ergänzung durch gewählte Boards erst im XIX. Jahrhundert erhalten. In unseren Städten sind die lebensfähigen Verwaltungsorgane in den Magistraten längst vorhanden. Es kommt also darauf an, für Kreisverband und Landgemeinden das bisher Fehlende nachzuholen, und dabei die reichen Erfahrungen zu benutzen, welche unsere Stadtverwaltungen darbieten; nebenbei auch wohl die Erfahrungen Englands.

Die Selbstverwaltung im heutigen Staat ist aber unabänderlich und in jeder Gestalt eine Verwaltung nach Gesetzen. Ob und wie die Armen im Gemeindeverband zu verpflegen, ob und wie die Wege zu erhalten, ob und wie der Schulzwang zu üben und der Plan der Volksschule auszuführen sei; das Gesammtsystem der Sicherheits- und Wohlfahrtspolizei, das ganze System der Aufbringung der Geldmittel, und ebenso das übrige Gebiet der heutigen Selbstverwaltung, kann heute nicht mehr abhängig sein von endgültigen Lokal-Beschlüssen der Kreis-, Stadt- und Dorfgemeinden. Das selfgovernment ist nach Entstehung und Wesen eben eine solche Verwaltung nach Gesetzen, im Unterschied von den mittelalterlichen Gemeinden und Genossenschaften, welche ihre jura propria als Privatrechte handhabten. Trotz aller Mißverständnisse über Selbstverwaltung will auch wohl keine heutige Richtung im Ernst zu dem Mittelalter zurückzukehren und die mühsam errungene Staatsordnung wieder in autonomische Gemeinden, Genossenschaften und Kirchen zerspalten. Die practische Uebung des selfgovernment gerade wird Deutschland wie England davor bewahren, die einmal gewonnene politische Einheit des Willens der Nation, — die einheitliche gesetzgebende Gewalt, — nicht wieder in Bruchstücke particulärer Autonomien aufzulösen; die verschiedenen Besitz-, Erwerbsklassen und geistigen Berufe nicht wieder wie im Mittelalter sich ihre eigenen Gesetze geben zu lassen. Das System des selfgovernment consolidirt vielmehr die bisher mangelhafte Einordnung des älteren feudalen und privatrechtlichen Genossenschaftswesens unter die Lebensbedingungen des modernen Staats, in die einheitlichen Militair-, Gerichts-, Polizei-, Finanz- und Kirchenhoheit. Es giebt daher im ganzen System des selfgovernment nur Verwaltungen durch verantwortliche Aemter, ohne welche eine Regierung nach Gesetzen, eine parlamentarische Verfassung unmöglich ist.

Insbesondere gilt dies von der Schulverwaltung. Die durchgreifenden gesetzlichen Maximen, welche das preußische Schulwesen seit dem XVIII. Jahrhundert bestimmen, der gesetzliche Schulzwang, die Parität der anerkannten Kirchen, die Durchführung der Schullast als gemeiner Last mit allen ihren Consequenzen sind nur ausführbar durch verantwortliche Aemter, und ergeben folgende Gestalt einer Kreis-Schulbehörde, welche ihren Sitz in der Kreisstadt, ihre Einheit in dem Kreislandrath finden wird.

1. Der Landrath muß Mitglied der verwaltenden Schulbehörde bleiben, nicht nur zur Handhabung des Schulzwangs durch das obrigkeitliche Amt, sondern zum Zweck allgemeiner Controlle der Gesetzmäßigkeit und gleichmäßiger Ausführung der allgemeinen Regulative, zur Erhaltung der Einheit in dem Gesammtsystem der Kreisverwaltung. — Die Administration darf sich aber nicht nach französischem Muster auf den Staatscommissar beschränken. Sie muß vielmehr concurrirend und mitverwaltend die Elemente des selfgovernment durch Ehrenämter in sich aufnehmrn. Die Schulcommission wird daher

2. mindestens einen „Kreisamtmann" und ein städtisches Magistratsmitglied in sich aufnehmen müssen. Es wird sich unten (Abschn. X.) ergeben, daß die Lokalverwaltung des Kreises überhaupt einer Gruppirung in „Kreisämter" bedarf, in welchen ein Kreisamtmann als Ehrenamt die Stellung des Landraths in der Polizei-, Armen- und Wegeverwaltung für seinen Bezirk einzunehmen haben wird. Erst durch diese höheren verwaltenden Ehrenämter erhält das professionelle Beamtenthum in Preußen das ebenbürtige Gegengewicht, welches bisher gefehlt hat.

3. Die gesetzliche Stellung des Religionsunterrichts als wesentlicher Theil des Schulplans erfordert den Zutritt eines Geistlichen der in dem Kreisverband vorherrschenden Confession. Die bis-

herige Einrichtung, welche dem evangelischen Superintendenten und dem katholischen Erzpriester als solchen zum Schulinspector beruft, erweckt aber die unberechtigte Vorstellung, als ob die Schulverwaltung einen Theil der Kirchenregierung bilde, mit einer langen Reihe von unberechtigten Folgerungen. Der evangelische Superintendent ist ohnehin überlastet mit geistlichen Verwaltungsgeschäften. Es ist an sich zufällig, ob der Zwischenbeamte der kirchlichen Regierung gerade die Neigung und den Beruf hat, Schulen zu inspiciren. Sicher ist aber in jedem Kreise ein Geistlicher zu finden, der mit Verständniß, Liebe und Eifer der oberen Schulverwaltung sich widmen kann und will, — sei es der Superintendent oder ein anderer. Schon seit 100 Jahren hat die preußische Gesetzgebung diesen richtigen Gesichtspunkt verfolgt, aber stets mit zaghafter Erwägung, ob der geistlichen Hierarchie nicht zu nahe getreten werde, wenn die Staatsbehörde einen anderen als den Präses der Geistlichkeit des Kreises ernenne.*) Diese Erwägungen fallen weg, sobald das geistliche Mitglied in den collegialischen Verband kraft eines Vertrauensamts der Kreisverwaltung eintritt. Aus dem Kreise, welcher die Geistlichkeit nach ihrem praktischen Wirken in

---

*) Schon das Allgemeine Schul-Reglement von 1763, §§ 3. 13. und das katholische Schul-Reglement für Schlesien von 1801, § 51. hatten die Trennung des Kreisschulinspektorats von der Person des Superintendenten resp. Erzpriesters vorbehalten, um nach Umständen einen besonders geeigneten Geistlichen gewinnen zu können. Allein da es an einer geordneten Kreis-Schulbehörde fehlte, so mußte von außen her die Staatsbehörde durch ein unmittelbares Ernennungsrecht eingreifen, bei welchem der kirchenverfassungsmäßige Vorsteher nicht wohl umgangen werden konnte, ohne den Schein zu erwecken, als ob der Staat aus politischen Motiven in die Kirchenverfassung eingriffe. Die Praxis blieb daher dabei, die Kreis-Schulinspektion mit der Superintendentur zu verbinden, so wenig geeignet und geneigt viele Superintendenten dazu waren. Die preußische Verwaltung ist über dieses Schwanken nie hinausgekommen, die Schulinspektion eigentlich trennen, und doch auch wieder nicht trennen zu wollen. In diesem Sinne lautet ein Circ.-Rescr. vom 22. April 1823 (Annalen VII. S. 292). Charakteristisch ist die Aeußerung in einem älteren Erlaß: „Auch will das Departement der geistlichen und Schul-Deputation im Allgemeinen anheimgeben, wenn etwa Superintendenten zu viel Arbeit haben, um neben den Geschäften der kirchlichen Inspektion auch die Schul-Inspektion mit gehöriger Thätigkeit, Sorgfalt und Energie wahrzunehmen, oder sich Geistliche von vorzüglicher Kenntniß des Schulwesens und lebhaftem Interesse für dasselbe vorfinden, die in einem größeren Wirkungskreise ihm Nutzen schaffen und allgemeinen Eifer dafür anregen, auch zur Belehrung und Verbesserung der Schullehrer selbst wirken könnten, solche Männer mit vorsichtiger Rücksicht darauf, daß die Superintendenten dies nicht in einem für sie nachtheiligen Lichte erblicken, und keine Kollision mit ihnen dadurch entstehe, dem Departement zu Schulinspektoren vorzuschlagen.

Lehre und Seelsorge kennt, wird man den rechten Mann zu finden wissen, der an dieser Stelle eben nicht Kirchenregierung, sondern Schulverwaltung übernehmen soll. Um für die Confession der Minorität die mögliche Parität zu wahren, wird sich die gesetzliche Regel empfehlen, daß auch ein Geistlicher der Confession der Minderheit zur Schulcommission gehören muß, sobald diese Minderheit zur Zeit ein Drittel der Einwohnerzahl des Kreises erreicht.

4. Ein praktischer Schulmann, — sei es der Director oder Rector des Gymnasiums, der Realschule, höheren Bürgerschule, Mittelschule oder ein anderer für das höhere Schulamt ausgebildete Lehrer — gehört von Berufswegen zur Oberleitung des Kreisschulwesens. Es konnte dies Element bisher nur deshalb nicht zur Geltung kommen, weil dem Kreise eine Organisation nach Grundsätzen der Selbstverwaltung fehlte.

5. Mindestens zwei Mitglieder der gewählten Kreisverwaltung gehören zur Schulcommission behufs der Controlle der Steuerverwendung; zugleich werden damit neue Elemente der Intelligenz gewonnen durch Auswahl von Männern, welche Beruf und Neigung zur Schulverwaltung haben.

6. Nach Analogie der Bürgerdeputirten in den städtischen Verwaltungsdeputationen wird es sich empfehlen ein oder zwei Stellen zur Cooptation besonders geeigneter Kreiseingesessenen offen zu lassen, in welchen nach den Erfahrungen der städtischen Verwaltung oft gerade Specialcapacitäten zu gewinnen sind.

Nach einer in den Stadtverwaltungen bewährten Praxis bildet man solche Commissionen in der Art, daß der Vorsitzende die geeigneten Mitglieder der Kreisversammlung vorschlägt, und diese die Vorschläge bestätigt oder auch amendirt.

Es entsteht auf diesem Wege eine Schulcommission, welche auch in den größten Kreisverbänden die Zahlen von 8—12 Mitgliedern nicht überschreiten sollte. Die durchgehends knappe Bemessung der Zahlen ist nothwendig, weil alle Communalverwaltungen dahin neigen, ihre Verwaltungskörper viel zu zahlreich und schwerfällig zu formiren, was im Kreisverband um so nachtheiliger wirkt, als der entfernte Wohnsitz der Mitglieder ohnehin das öftere Zusammentreten erschwert. Die übergroßen Verwaltungsdeputationen lösen das Gefühl der persönlichen Verantwortlichkeit für eine gesetzmäßige Verwaltung zuletzt in der That auf.

Erst die so nach gesetzlichen Regeln für die Geschäfte formirten Verwaltungskörper bilden das wirkliche selfgovernment, wie es in der englischen Staatsbildung verstanden wird. Entscheidender als die englischen Analogien werden für uns aber die deutschen Erfahrungen sein, welche mit den collegialischen Magistraten in dieser Richtung gemacht sind. Der Geist des Berufseifers und der Pflichttreue bildet sich in solchen Körperschaften, sobald sie in richtiger Auswahl collegialisch mit einander zu arbeiten sich gewöhnen. Die ihnen anvertrauten wichtigen Berufspflichten erwecken auch den Eifer und das Interesse. Es gilt das als Eigenthümlichkeit des Nationalcharakters von allen Theilen der deutschen Lokalverwaltungen. Auf diesem Wege wird das wirklich entstehen, was der preußische Schulgesetzentwurf von 1819 suchte, wofür er nur die rechte Form nicht zu finden wußte: „ein Zusammenwirken der verschiedenen Elemente um das Band zwischen dem Volke und der Schule immer fester und so innig zu knüpfen, daß diese immer mehr als ein ergänzender Bestandtheil des öffentlichen Lebens vom Volke betrachtet und als solcher von ihm getragen, gepflegt und gefördert würde." (Aktenstücke S. 30.)

Um dies Resultat zu erreichen ist es aber nothwendig, das Festkleben am Kleingemeindenthum und an kleinlichen Verhältnissen aufzugeben, und aus den ganzen Kreisverbänden den Verwaltungskörper zu bilden, für welchen in den zerrissenen Gliedern verkümmerter Stadtgemeinden, Dorfgemeinden, Gutsbezirke und Vorwerke die willigen und intelligenten Elemente nur sporadisch vorhanden sind.

Das Resultat dieser Zusammensetzung wird also eine Schulcommission sein, umfassend den Kreislandrath, 1—2 Kreisamtmänner, 1 städtisches Magistratsmitglied, 1—2 Geistliche, 1 practischen Schulmann, 2—3 Kreisverordnete, 1—2 Specialdeputirte.

Hat die Gesetzgebung in der Bildung der Stadtmagistrate und in dem englischen selfgovernment wirklich die Elemente getroffen, auf welche es in der Kreisverwaltung der Volksschule ankommt, so werden der Kreisbehörde die Geschäfte der Lokalverwaltung auch voll und selbständig übertragen werden können. Die wichtigsten Elemente einer Controlle, welche bisher von außen her durch die Staatsverwaltungsbehörden herangebracht wurden, werden im System des selfgovernment durch das Gesetz in die Lokalverwaltung selbst hineingelegt, und es beginnt damit die erstrebte Selbständigkeit von Regierungs-, Schul- und Centralbehörden, welche eine so zusammengefügte Kreisbehörde in ihrem Zusammenwirken mit der Kreisverwaltung wirksam zu behaupten vermag.

Die Functionen der Kreis-Schulcommission werden sich

aus einer Zusammenfassung der Geschäfte ergeben, welche schon jetzt in den großstädtischen Schul-Deputationen concentrirt sind, welche in Folge der vielseitigen Zusammensetzung der Kreisbehörde aber wesentlich dahin erweitert werden können:

Die Anstellung der Volksschullehrer aus den mit einem Befähigungsattest der Staatsbehörden versehenen Bewerbern, — an Stelle des „Schulpatronats,“ welches mit der Kreisschulverwaltung erlischt, — und an Stelle der Staatsbehörden, deren Anstellungsrecht (patronage) im constitutionellen Staat decentralisirt werden muß;

die Disciplin und das Ordnungsstrafrecht über das Personal der Lehrer mit Recurs an die Staatsbehörden;

die Entlassung und unfreiwillige Pensionirung der Lehrer mit Recurs an die Staatsbehörden;

die vorbereitende Aufstellung der Etats der Schulgehalte, sachlichen Bedürfnisse und der Baufonds zur Genehmigung der Kreisversammlung;

die Vermögensverwaltung der Volksschule mit den Rechten privilegirter Korporationen;

die Befugniß der Inspection einer jeden Schule für die Mitglieder der Schul-Commission sammt oder sonders und das Recht, den Lokal-Curatorien Aufträge zu ertheilen und Bericht zu fordern;

die sonstigen Rechte der äußern und innern Schulverwaltung, wie sie bisher den größeren städtischen Schul-Deputationen in weiterem Umfang zugestanden sind, mit Vorbehalt der für die Staatsinspection (Abschn. XI.) unentbehrlichen Rechte.

Die umfangreichen Befugnisse einer solchen Verwaltung, die allseitige Kenntniß von den Einzelheiten, das Recht der Verfügung über die Anstellungen und über die Geldmittel erzeugt das Interesse, das Gefühl der Selbständigkeit, und mit der Gewohnheit der Geschäftsführung auch die zur Selbstverwaltung gehörige Geschäftstüchtigkeit. Wenn alle bisherigen Anläufe dazu noch nicht geführt haben, so lag das Haupthinderniß in der Erbschaft unserer feudalen Vergangenheit, welche Städte und Land, und auf dem Lande die zerbröckelten Reste eines Gemeindelebens in Dorfschaften und Gutsbezirken zu einem Ganzen zusammenzufassen sich nicht entschließen konnte. Es kam dazu aber auch eine irrige Vorstellung von englischem Parlamentswesen und selfgovernment, welche eine Kreisverwaltung aus bloß gewählten Repräsentanten bilden wollte, — eine Repräsentation, welche nur Beschlüsse fassen soll, die dann der administrirende Beamte (Landrath) „auszuführen" hätte. Gerade diese Vorstellung ist es, welche zu dem verflachten, haltlosen System der französischen Bürgermeistereien und der conseils d'arrondissement führt. Es zeigt sich alsbald, daß der Unter-Präfect oder Landrath kein bloßer Ausführungsbeamte der Beschlüsse der Kreisversammlung sein kann, daß er vielmehr in erster Stelle ausführendes Organ der Landesgesetze und der Staatsverwaltung bleibt. Alle wichtigen Functionen concentriren sich daher alsbald in dem Unterpräfecten als commissaire départi der Staatsverwaltung, und das vermeintliche Kreisparlament wird zu einer decorativen Umgebung der Büreaukratie, zu einem berathenden conseil, für welches man bis heute nach ernstlichen Berufsgeschäften vergeblich sucht. Der Typus der Bürgermeisterei mit dem administrirenden Einzelbeamten, umgeben von dem communalen conseil, ist der Ausdruck der einseitigen Auffassung der modernen Erwerbsgesellschaft, welche im Communalleben nur beschließen, nicht mitarbeiten will. Es sollte überhaupt nicht verkannt werden, daß es die Elemente des selfgovernment (der stehende collegialische Magistrat und die Verwaltungsdeputationen) sind, welche das preußische Städtewesen vor dem Versinken in die subalterne Stellung der neuenglischen boards und der französischen Gemeinderäthe bewahrt haben.

Zu den städtischen Schulbehörden wird die Kreisschulcommission nach den oben entwickelten Gesichtspunkten ergänzend hinzutreten. Die großen Städte, mit den Rechten eines Kreisverbandes für sich, werden das Mehr erhalten, welches in der obigen Stellung der Kreisschulcommission liegt. Für die übrigen Städte kann die gesonderte Verwaltung durch Magistrate und Stadtschuldeputationen fortdauern mit der Maßgabe, daß die bisher von Regierungen und Schulcollegien geübten Zustimmungsrechte auf die Kreisschulcommission übergehen, soweit sie in deren Competenz nach obiger Begrenzung enthalten sind.

X.

Die Schul-Curatorien der Amtsbezirke.

Von jeher ist die Nothwendigkeit anerkannt worden, die einzelnen Ortsschulen unter eine lokale Schulinspection zu stellen. Das General-Schulreglement von 1763 und die katholischen Schulreglements für Schlesien v. 1765 §§ 38. 43 ff., Regl. v. 1801, § 48. machten, den historischen Verhältnissen entsprechend, den Ortsgeistlichen zur Hauptperson der Oberaufsicht. Das A. L.-R. II, 12. bewahrt zwar dem Ortsgeistlichen diese Stellung (§ 49), nennt aber daneben die Ortsobrigkeit, die Kirchenvorsteher, Schulzen und Dorfgerichte (§§ 12—17. 27. 47. 48), ohne speziellere Scheidung der einzelnen Functionen. In Schlesien hatte das Regl. v. 1801, § 49. zwei gewählte Schulvorsteher für jede Ortsschule hinzugefügt, wie solche auch in der Kurmark vorkamen. Später wurde durch ein Rescript des Unterrichts-Departements v. 28. Okt. 1812 diese Vorschrift für das Land generalisirt. Der Vorstand jeder Schule soll bestehen aus dem „Patron", aus dem Prediger, und nach Verhältniß des Umfangs der Societät aus zwei bis vier Familienvätern, unter denen, wo es angeht, der Schulze des Ortes sein muß. Ist die Schule Königlichen Patronats, so bedarf es im Vorstande keines Vertreters desselben. Der Prediger soll vornehmlich für das Innere des Schulwesens Sorge tragen; die übrigen Vorsteher für das Aeußere. Die näheren Verhältnisse und Geschäfte der Schulvorstände werden in einer beigefügten Instruction bestimmt, deren weitere Ausführung den Provinzial-Regierungen überlassen bleibt.

Als ständige Mitglieder des Vorstandes werden bezeichnet: der Patron, der Geistliche und der Schulze oder der Gemeindevorsteher; letzterer jedoch nicht in allen Instructionen, insbesondere nicht in der ministeriellen unbedingt als solcher.

Ueber die Wahl der wechselnden Mitglieder, als welche in der Regel 2 bis 4 Familienväter genannt werden, lauten die provinziellen Instructionen verschieden. Die Amtsführung der gewählten Schulvorsteher soll eine sechsjährige sein.

So lange Zeit diese wohlgemeinten Einrichtungen in Preußen bestehen, so wird doch ziemlich allgemein anerkannt, daß die Schulvorstände sich wenig wirksam erwiesen haben, daß selbst ihr Dasein dem

Publikum oft wenig bekannt ist. Unverkennbar sind alle Elemente ihrer Zusammensetzung zu einem wirksamen Curatorium wenig geeignet.

Der Lokalgeistliche war in unserer abgeschlossenen Dorfverfassung allerdings der einzige homo literatus, auf welchen gerechnet werden konnte, wenn nun einmal jede Dorfschule ihr eigenes Curatorium haben sollte. Allein die Voraussetzung, daß jeder theologisch gebildete Mann auch die Neigung und die Fähigkeit zu einer Schulaufsicht haben sollte, erwies sich als irrig. Noch folgenreicher wurde das Mißverständniß, daß das geistliche Amt als solches der Schule vorgesetzt sei, und daß diese Schulleitung folgerecht durch Bischöfe, General-Superintendenten und Consistorien hindurch sich in die ganze Hierarchie der Kirche zu erstrecken habe. Im Widerspruch mit den Gesetzen consolidirte sich dadurch die Unterwürfigkeit der Elementar-Schule unter die Kirche. Sie war thatsächlich vorhanden durch das ganze Land in der Stellung der gesammten Ortsgeistlichkeit, der Superintendenten und der Erzpriester. Sie war noch weitergehend vorhanden in den Vorstellungen des geistlichen Personals, welches die überall mit seinem Amt verbundenen Funktionen auch für sein kirchenamtliches Recht hielt. Es ging damit wohl, wo die thatsächliche Ueberlegenheit der Bildung und der gute Wille des Geistlichen für die Ortsschule zusammentrafen: die Vorgesetztenstellung wurde aber oft gerade von solchen Geistlichen am stärksten betont, welche für das Gedeihen der Schule durch ihre eigene Mitthätigkeit am wenigsten beitrugen. Die daraus entstehende Reibung und Unklarheit im Verhältniß zwischen Schule und Kirche werden nie zu heben sein, so lange das Dorfpastorat von Amts wegen Curator der Schule bleiben soll.

Der sogenannte Schulpatron ferner konnte ein angesehenes, intelligentes Glied eines Schulcuratoriums sein: allein der Schulpatronat hatte überhaupt keine allgemeine gesetzliche Stellung; er war thatsächlich sehr ungleich vertheilt, und hatte oft ungemein wenig Neigung zu einer Schulthätigkeit. Der Begriff des Schulpatronats ist bei einer Neuregelung der Verhältnisse überhaupt nicht zu halten.

Der Dorfschulze als solcher war nach Bildungsstufe und persönlicher Neigung zu einer Schulcuratel oft recht wenig berufen.

Die zwei bis vier Hausväter endlich, welche in jedem Dorfe oder Gutsbezirke gewählt werden sollten, waren meistens Bauern, Tagelöhner oder andere kleine Leute, die ihr Amt oft lässig, oft recht engherzig verwalteten; Personen, welche nicht selten nach dem Hauptgesichtspunkte gewählt wurden, eine Erhöhung des Lehrereinkommens und jede andere Vermehrung der Schullasten von der Dorfschaft abzuwehren. Die so gestellten „Familienväter“ konnten kein Gegengewicht gegen die einseitige Geltendmachung clericaler Standpunkte im Schulvorstande bilden; am wenigsten konnten sie für Streitpunkte zwischen dem Schullehrer und dem Ortsgeistlichen eine vermittelnde Autorität bilden.

In Summa waren die wohl 80,000 Personen, welche man im ganzen Lande zu den Schulvorständen heranzog, ein wenig wirksames, der Schule wenig förderliches Personal. Der Grundfehler lag hier, wie in allen communalen Dingen, in der Basis, in der Lebensunfähigkeit zwerghafter Dorfgemeinden und Gutsbezirke. Es fehlt dem Dorfcuratorium die nöthige Intelligenz und das nöthige Ansehn, da die zur Aufsicht geeigneten Personen in unseren ländlichen Schulgemeinden nur sporadisch vorhanden sein können.

Worauf es ankommt, ist für das platte Land den communalen Verband und den Communalsinn zu schaffen, welchen unsere Städte durch ihre Entwickelung vorausHaben. Sind unsere Landgemeinden durch ihre Kleinheit und völlige Ungleichartigkeit dazu unfähig: so müssen sie die Fähigkeit gewinnen durch eine ihren Bedürfnissen entsprechende Combination. Es ist gewiß, daß die Elemente eines Local-Curatoriums, welche in einer einzelnen Dorfschaft mangelhaft oder gar nicht vorhanden sind, in Durchschnittsgruppen von etwa 10—15 Dorfschaften und Gutsbezirken zu finden sein werden.

Die Sprödigkeit, mit welcher sich die Elemente unserer rusticalen Gemeinden gegen einander verhalten, würde nun aber (wie eben ausgeführt) eine Zusammenpressung solcher Gruppen zu sogenannten Gesammtgemeinden mit gemeinsamen Gemeindelasten und Vermögensrechten zu einer unabsehbar schwierigen, und zuletzt willkürlichen und ephemeren Schöpfung machen. Es kommt vielmehr nur auf eine Vereinigung für die Erfüllung der unmittelbar gebotenen, nächsten Communalaufgaben an.

Die nächstliegende Aufgabe des platten Landes ist aber Neubildung der Orts-Polizeiverwaltung, für welche die noch bestehende „Gutspolizei“ längst unhaltbar geworden ist. Es ist das allseitige Interesse unseres Gemeindelebens, zu verhüten, daß bei der Neubildung die Ortspolizei nicht in die Hände besoldeter Districtscommissarien, Polizeicommissarien, Bürgermeister und anderer kleiner aus dem Büreaudienst gebildeter Aemter falle, welche den entscheidenden Unterbau des „Polizeistaats“ bilden. An diesem maßgebenden Punkt muß durch unabhängige Ehrenämter dem Monopol der Bureaukratie ein Gegengewicht geschaffen werden, wenn überhaupt die bureaukratische

Zersetzung des constitutionellen Staats abgewehrt werden soll. Die Bezirke der Ehrenämter dürfen mit Rücksicht auf den nothwendig mäßigen Umfang der Amtsgeschäfte, und nach den in verschiedenen deutschen Landestheilen schon gemachten Erfahrungen, nicht zu groß sein. Wir werden demnach, um über das System der Gutspolizei hinauszukommen, den Maßstab der Dorf- und Gutsbezirke etwa verzehnfachen und Amtsbezirke von 2000 bis 6000 Seelen zu bilden haben, durch welche die Landgemeinden ungefähr den Umfang an Personal- und Steuerkraft gewinnen, welcher in den deutschen Stadtverfassungen sich als lebensfähig erwiesen hat. — Die Lebensfrage bleibt in jedem Falle, daß der Kreisamtmann grundsätzlich ein Ehrenamt verwalte, um die der Selbstthätigkeit entwöhnten besitzenden Klassen des platten Landes wie die der Städte in die Verwaltung des Nachbarverbandes hineinzuziehen. Ohne diese persönliche Betheiligung der gebildeten Klassen an der Einzelverwaltung der lokalen Geschäfte sinkt alles Gemeindeleben in den subalternen Charakter der französischen Lokalverwaltung herab, an der nichts gebessert wird, wenn man auch die Unter-Präfectur des Unter-Präfecten eine „Bürgermeisterei" nennt. Sobald auch nur ein Theil der obrigkeitlichen Aemter mit gering besoldeten Schreibern besetzt wird, findet sich Niemand mehr um die übrigen als Ehrenamt zu übernehmen.

Mit den Kreisämtern und dem Kreisamtmann gewinnen die bisher zerrissenen Landgemeinden das verwaltungsfähige Element, welches die Städte in ihren Rathsherrn und Bezirksvorstehern besitzen. Soll aber diese analoge Amtsstellung entwickelungsfähig werden, so ist es nicht zulässig, den Kreisamtmann auf die bisherigen Geschäfte der „Ortspolizei" zu beschränken, welche weniger durch Gesetz als durch Praxis in eine so unselbständige Stellung herabgedrückt sind, daß man sie nicht Männern von höherer Bildung anbieten kann. Aus dem Schreiberdienst ländlicher „Polizeiverwalter" ist ein für allemal kein Ehrenamt zu bilden. Dem Kreisamtmann wird vielmehr als „stellvertretendem Landrath für seinen Amtsbezirk" der Theil der Landtagsgeschäfte aufgetragen werden müssen, der sich für einen Amtsbezirk decentralisiren läßt. Erst durch eine amtlich und gesellschaftlich dem Landrath coordinirte Stellung entsteht von unten herauf das ebenbürtige Gegengewicht gegen das berufsmäßige Beamtenthum, welches der constitutionellen Verfassung und Verwaltung in Preußen zur Zeit noch fehlt.

In dem Amtsbezirk und in dem Kreisamtmann ist dann die Formation vorhanden, an welche die Curatorien der Landschule sich anzulehnen haben in folgender Zusammensetzung:

1. Der **Kreisamtmann** gehört dazu als örtliche Polizeiobrigkeit, zur Handhabung des gesetzlichen Schulzwanges und zur allgemeinen Controlle einer gesetzmäßigen Schulverwaltung; es wird damit auch das Element der Autorität und der Intelligenz wiedergewonnen, welches durch die Aufhebung des „Schulpatronats“ wegfällt.

2. Ein **Geistlicher** der im Amtsbezirk vorherrschenden Confession, (und wo möglich ein zweiter Geistlicher der in der Minderheit befindlichen Confession, wo diese $^{1}/_{3}$ der Einwohnerzahl des Amtsbezirks erreicht) — mit Rücksicht auf den Religionsunterricht, und zugleich als ein bedeutungsvolles Element der Intelligenz für die Beaufsichtigung der Volksschule. Der Unterschied von dem bisherigen Verhältniß ist, daß der größere Amtsbezirk die Wahl unter einer **Mehrheit** von Geistlichen gestattet, unter welchen nun der am meisten geeignete und geneigte dem Schulcuratorium hinzutreten wird. Zugleich fällt damit der Schein hinweg, als ob die Schule der Amtshierarchie der Kirche als solcher untergeben wäre.*)

3. Ein **praktischer Schulmann**, aus den bei der Kreisschulcommission erörterten Gründen. Es war dies längst ein ausgesprochener Wunsch des Lehrerstandes. Wo man indessen den Dorfschullehrer wirklich zum Mitglied des örtlichen Vorstandes gemacht hat, ist daraus keine Belebung, sondern nicht selten eine völlige Inactivität der ganzen Einrichtung hervorgegangen. Das unmittelbare Interesse und die Kleinlichkeit aller persönlichen Verhältnisse in einer Dorfschaft machen die Hineinziehung des Lehrers in einen Dorfschulvorstand unangemessen. Erst die Auswahl unter einer **Mehrheit** von Lehrern in einem Amtsbezirk wird es ermöglichen, den geeigneteren Mann zu finden, der in Verbindung mit dem Geistlichen und mehren höhergebildeten Männern zu einer objectiven Behandlung der Schulgeschäfte mitzuwirken vermag.

4. Der **Kreisabgeordnete**, oder die mehren im Amtsbezirk ansässigen Kreisabgeordneten, sind zur Controlle der Steuerverwendung

*) Daß diese Gestaltung ebendeshalb den Ansprüchen der **Kirchenregierung** nicht genügt, kann schon hier bemerkt werden. „Die demokratische Ansicht“, — schreibt der Bischof von Münster unter dem 15. Mai 1846 an den Oberpräsidenten der Provinz, — „als wenn der kirchliche Einfluß lediglich im Pfarramte beruhe, ist der katholischen Kirche von jeher fremd gewesen. Der religiöse Einfluß der Pfarrer muß gestützt und geleitet werden durch die Autorität des Bischofes, sowie der Einfluß des Bischofes nur von seiner Verbindung mit der allgemeinen Kirche Kraft und Segen empfängt. Die ganze Kirche ist ein lebendiger Organismus, dessen einzelne Glieder nur in der Verbindung mit dem Haupte und dem ganzen Leibe das religiöse Leben bewahren.“

und zur allgemeinen Controlle der örtlichen Schulverwaltung die geeigneten Vertrauensmänner. Es werden vermöge dieses Grundsatzes alle gewählten Kreisverordneten an der lokalen Schulverwaltung (analog auch an der Armenverwaltung, Wegeverwaltung u. s. w.) betheiligt werden, und schon die Entwickeluug der preußischen Städteordnungen zeigt, daß die Betheiligung der Gewählten an den Verwaltungsgeschäften das eigentliche Lebensprinzip der Communalvertretung enthält. Die Einzelverwaltung durch Vertrauensmänner der Gemeinde in geeigneter Geschäftsvertheilung gestaltet sich zwar etwas schwerfälliger, aber auch zuverlässiger, wirksamer und für den Gemeinsinn förderlicher, als die bureaukratische Verwaltung durch kleine besoldete Beamte.

5. Nach Analogie der Bürgerdeputirten wird noch die Beiordnung eines oder zweier besonders geeigneten und geneigten Bezirkseingesessenen als Specialcapacitäten vorzubehalten sein.

Die daraus hervorgehende Formation der Lokalcuratorien würde danach umfassen: den Kreisamtmann, 1—2 Geistliche, 1 Schullehrer, 1—3 Kreisverordnete, 1—2 Sezialdeputirte, im Ganzen nicht über 5—8 Personen. Für die knappe Zusammensetzung sprechen die oben ausgeführten Gründe.

Insoweit es bei dieser Zusammensetzung auf Wahlen ankommt, kann eine Liste geeigneter Personen (Spezialmitglieder, Bürgerdeputirten) von den einzelnen Ortsgemeinden vorschlagsweise aufgestellt werden. Die definitive Ernennung wird aber von der Kreiskommission ausgehen müssen, da in dem Schulwesen Kreisfonds verwaltet werden, und die Kreiscommission das für die gesetz- und etatsmäßige Verwaltung verantwortliche Organ darstellt.

Die Functionen des lokalen Curatoriums werden zunächst dieselben sein, wie die des bisherigen Ortsvorstandes, als die nächste Behörde für Schullehrer und Schulgemeinde, bei welcher Erinnerungen, Klagen, Wünsche und Beschwerdeführungen anzubringen und zu untersuchen sind. Das Curatorium wird ferner als Lokalorgan der Kreiscommission Aufträge auszuführen haben. Die Mitglieder werden sammt oder sonders das Recht der Inspection über jede Ortsschule führen. Das Curatorium wird die Befugniß haben, dem Ortsgeistlichen, Schullehrer und Schulzen jeder Ortsschule allgemeine und besondere Aufträge zu ertheilen.

Die allseitige Kenntniß von den Einzelheiten der Schulverwaltung eines kleinen Bezirks und das gewohnheitsmäßige Zusammenarbeiten werden auch hier den Geist des Berufseifers und der Pflichttreue erzeugen, welcher allen deutschen Communalinstitutionen eigen ist. Auch bei der knappsten Besetzung werden die Schulcuratorien noch immer eine Zahl von 25—30,000 Personen heranziehen, — etwa 1/3 des Personals, aus welchem die Ortsvorstände jetzt gebildet sind. Alle Elemente derselben werden indessen gewissermaßen eine Stufe höher gerückt, um ihre Funktionen in anderer, wirksamerer Weise auszuüben, wie dies bisher durch den Schulpatronat, den Ortsgeistlichen, den Schulzen und die gewählten Hausväter ausführbar war. Entschließen wir uns das Festkleben an kleinlichen Verhältnissen aufzugeben, so wird auch an der stets entscheidenden untersten Stelle eine intelligente, verwaltungsfähige Körperschaft mit dem nöthigen Bewußtsein der Selbständigkeit entstehen.

In den städtischen Schulgemeinden bleibt nach den obigen Gesichtspunkten der Magistrat, resp. die Schuldeputation, in dem bisherigen Verhältniß bestehen, mit Beilegung der weitern Befugnisse, die sich aus der gegenwärtigen Gesetzgebung für die Lokalcuratorien und für die Kreisschulcommissionen sammt und sonders ergeben.

Der Zwischenbau des selfgovernment würde sich nach diesen Vorschlägen in folgenden Gliedern abstufen:

1. in Kreisversammlungen von 24—48 Kreisverordneten für die 327 Kreise, unter Zutritt der entsprechenden Zahl von städtischen Kreisverordneten der ca. 1000 Städte, in enger Verbindung mit dem verwaltenden Personal der Kreisamtmänner und Stadtmagistrate;

2. in 327 Kreisschulcommissionen von 8—12 Mitgliedern, neben welchen die städtischen Magistrate und Schuldeputationen als Lokalschulbehörden fortbestehen;

3. in ca. 4000 Lokal-Curatorien von 5—8 Mitgliedern an Stelle der bis jetzt für 22,000 ländliche Schulsocietäten bestehenden Ortsschulverbände.

Der Kreis der persönlichen Betheiligung ist danach allerdings den Zahlen nach verkleinert, aber intensiver gebildet, und die Lokalverwaltungsstellen gewissermaßen eine Stufe höher gerückt.

XI.

Staatsaufsicht und Verhältniß der Kirche.

Auch die freieste Selbstverwaltung läßt bedeutsame Staatsfunctionen übrig, welche zu den Lebensbedingungen des selfgovernment selbst gehören.

Zunächst bedarf es einer Staatscontrolle für die gleichmäßige Ausführung der gesetzlichen Grundsätze. Es bedarf einer ergänzenden Regulativgewalt für die Gestaltung der Schulpläne und wichtige Theile der innern Schulverfassung. Es bedarf unmittelbarer Staatsorgane zur Ausbildung des Lehrpersonals, zur Regelung der Lehrerprüfungen und Ertheilung der Lehrfähigkeitsatteste. Es bedarf einer Gesammtcontrolle der einheitlichen Ausführung des Systems.

Es ergeben sich daraus drei Hauptrichtungen der Staatsthätigkeit:

1. Die Staatscontrolle zur Aufrechterhaltung der gesetzlichen Grundsätze der Volksschule ist eine Lebensbedingung der Selbstverwaltung. Es kann nicht oft genug daran erinnert werden, was aus den Grundsätzen des Schulzwanges, der Parität der Kirchen und der gesetzlichen Communallast werden würde unter dem Einfluß von Majoritätsbeschlüssen der Communen, ohne jene Rechtscontrolle, welche das selfgovernment von dem localen Particularismus des Feudalwesens scheidet?

Die Rechtscontrolle kann geübt werden entweder durch die ordentlichen Gerichte, oder durch besondere Verwaltungsgerichtshöfe.

Die ordentlichen Gerichte mit ihrem Verfahren und Instanzenzug eignen sich namentlich für die geschlossenen Gebiete der Gesetzgebung (leges perfectae). Ihr Hauptgebiet bilden auch im englischen selfgovernment die gesetzlich geregelten Communalsteuern; wogegen wir durch das Gesetz vom 24. Mai 1861 in das Verhältniß gerathen sind, einen Rechtsweg für das haltlose System der Lokalobservanzen zu gewähren, für die auf allgemeinen Gesetzen beruhenden Schullasten und Abgaben den Rechtsweg zu versagen. Die gerichtliche Controlle ist hier leicht einzuführen, wenn dem Steuerzahler die Rückforderungsklage wegen „Ungesetzlichkeit“ der Communalsteuer gewährt wird, womit die Legalität der Communalsteuern unter den Schutz der Gerichte aller Instanzen gestellt ist. Die bisher endgültige Entscheidung dieser Rechtsfragen durch einen Ministerial-Chef in Preußen ist im constitutionellen Staat unhaltbar.

Einer besonderen Zusammensetzung, eines besonderen Instanzenzuges und Verfahrens bedürfen aber die Entscheidungen auf denjenigen Gebieten, in welchen die Gesetzgebung mit den Regulativgewalten, die question of law mit der question of fact im Gemenge liegt. England hat dafür besondere Behörden formirt (Gneist, Verwaltung, Justiz. 1869. § 11a). Frankreich hat allen Rechtscontrollen der Verwaltung diesen Charakter von „Verwaltungsgerichtshöfen" gegeben. In jedem Fall bedarf es dafür einer ständigen, collegialischen Staatsbehörde mit dem Charakter eines Gerichtshofes. Ohne diese Controlle ist namentlich das schwierige Verhältniß zwischen Kirche und Schule, zwischen Staatsinspektion und Communalverwaltung nicht in den gesetzlichen Grenzen zu erhalten. Nachdem durch den Mangel der Rechtscontrollen in Preußen ein neues System „confessioneller Schulen" im Widerspruch mit unserer Gesetzgebung entstanden ist, wird die öffentliche Meinung wohl zu dem Anerkenntniß geneigt sein, daß im constitutionellen Staat nicht nur Gesetze, sondern auch rechtsprechende Organe für die Auslegung der vorhandenen Gesetze nothwendig sind. Die Gewohnheiten unserer Juristen neigen dahin, alle streitigen Fragen der Gesetzesauslegung in die ordentlichen Gerichte zu legen, während es sich hier zugleich um ein stetiges Eingreifen der Regulativgewalten handelt. Das Wesentliche ist jedenfalls, daß die entscheidende Behörde ein ständiges Collegium von Sachverständigen nach den Grundsätzen der Gerichtsverfassung bilde; unzulässig die Beibehaltung des jetzigen Verhältnisses, nach welchem der Minister des Unterrichts alles contentieux endgültig entscheidet.

2. Die Ergänzung der Schulgesetze durch Generalregulative. Kein Theil der staatlichen Thätigkeit läßt sich erschöpfend durch Gesetze bestimmen; am wenigsten das Schulwesen, welches durch gesetzliche Studienpläne leicht in das Verfassungssystem des chinesischen Reichs gerathen könnte. Die freie Bewegung ist auf diesem Gebiet geboten durch die Natur des geistigen Lebens und der nationalen Cultur; denn es giebt überhaupt kein absolutes Maß des „Elementarunterrichts", dessen Grenze muß vielmehr mit dem Status der Gesammtbildung eines Volks wechseln, auf ein höheres Niveau rücken, neue Aufgaben in sein Gebiet hineinziehen. Die seltsame Ausdrucksweise des Allgemeinen Landrechts welches für die Schulkinder „die einem vernünftigen Menschen ihres Standes nothwendigen Kenntnisse fordert", ist insofern der Natur der Verhältnisse nicht ganz unangemessen.

Andererseits muß es eine Grenze dieser Beweglichkeit geben, ohne welche die Volksschule haltlos zwischen den politischen und kirchlichen Parteiungen hin und her geworfen würde. Es muß eine ständige Maßbestimmung geben, da von dem Schulplan die Kosten und damit die Lasten der Commune im ganzen Lande, sowie die mannigfaltigsten andern Interessen abhängen. Es trifft in der Volksschule das Recht der Gemeinde, des Staats und widerstreitender Kirchen in einer Weise zusammen, welche eine Stetigkeit der Verwaltungsgrundsätze bedingt. Es wird sich zu diesem Zweck eine collegialische Formation als nothwendig ergeben; während zur Zeit in Preußen der Unterrichtsminister allein die Regulativgewalten handhabt.

3. Die Einheit und die Zusammenfassung aller ausführenden Functionen in einem Ministerdepartement ist der bestentwickelte Theil unserer Staatsverwaltung, welcher sich im absoluten Staat aus dem Kampf mit dem lokalen Particularismus herausgearbeitet hat. Es bedarf dieser Zusammenfassung zur einheitlichen Leitung der Seminare und anderer unmittelbarer Staatsanstalten, in noch weiterem Umfang aber zu einer Gesammtcontrolle der Ausführung der Schulgesetze und Regulative mit den dazu gehörigen Aufsichts- und Inspektionsbefugnissen.

In einem großen Staatsgebiet entwickelt sich daraus die hergebrachte Dreigliederung der Staatsverwaltung als Central-, Provinzial- und Lokalverwaltung, welche indessen durch das System des selfgovernment bedeutende Umwandlungen erfahren wird.

I. Die Centralverwaltung des Volksschulwesens wird in einem Unterrichtsminister als verantwortlichem Departementschef zusammengefaßt bleiben müssen, welcher dann wieder durch den Finanzetat und das allgemeine Recht einer Verwaltungscontrolle in ein staatsrechtliches Verhältniß zu der Landesvertretung tritt. Alle Lebensbedingungen der Wissenschaft und des Culturlebens weisen darauf, dem Ministerium in Verwaltung der Universitäten und gelehrten Schulen eine centralisirte, bewegliche Gestaltung zu bewahren. Für das Volksschulwesen kommen indessen die obigen Umstände in Betracht, welche ausnahmsweise eine collegialische Gestaltung der obersten Regulativbehörde rathsam machen, weil in dem Volksschulwesen das Recht der Gemeinde mit den Rechten des Staats, die widerstreitenden Ansprüche der anerkannten Kirchen unter sich und mit der bürgerlichen Gleichberechtigung der Dissidenten in stetiger Spannung stehen. Es wird daher nicht statthaft sein, Regulativgewalten, in welchen so viele politische, kirchliche und communale Gesichtspunkte und widersprechende Ansprüche zusammentreffen, gewissermaßen auf zwei Augen zu stellen, d. h. von den wechselnden politischen Systemen der Ministerien, von der confessionellen Auffassung des zeitigen Unterrichtsministers abhängig zu machen. Unsere Schulregulative bedürfen überhaupt einer umfassenden Neubearbeitung, welche schon durch die Wiederherstellung des gesetzmäßigen Systems der paritätischen Schulen geboten ist. Ebenso muß das Element der freien Selbstentwickelung und der Zusammenhang mit der aufsteigenden Richtung des höheren Unterrichtswesens, welcher in den geltenden Regulativen vor zu eng gehaltenen Gesichtspunkten der „Ausbildung praktischer Schulmänner" zurückgetreten ist, wiederhergestellt werden*). Die Unterrichtspläne, die Regulative für die Seminarien, die Lehrerqualification, das Prüfungswesen und die Instructionen zur Ausführung der Schulinspection würden dieser collegialischen Behörde zufallen, welche sich auch als oberste Disciplinarbehörde für die Entlassung und unfreiwillige Pensionirung der Lehrer eignet. — Es wird sich zu allen diesen Zwecken empfehlen die Wiederherstellung der älteren Einrichtung eines Ober-Schulcollegiums aus bewährten Schulmännern ersten Ranges, bei deren Ernennung auch die Rücksicht auf die Parität der Kirchen von den Traditionen der preußischen Staatsverwaltung zu erwarten ist. Dem verantwortlichen Unterrichtsminister würde das Exequatur für die Beschlüsse des Ober-Schulcollegiums, die Aufstellung und Vertretung des Finanzetats und des Verwaltungssystems vor der Landesvertretung, die Centralverwaltung der übrigen Gebiete verbleiben.

II. Die Provinzialverwaltung der Volksschule beruht jetzt auf den collegialischen Regierungen (Abtheilung II) als Haupt-

*) Ueber die Vertheidigung der bestehenden Schulregulative vergl. F. Stiehl, „Actenstücke zur Geschichte und zum Verständniß der drei preußischen Regulative, Berlin 1855"; und „Die Weiterbildung der drei preußischen Regulative, Berlin 1861". Der den Regulativen vorangegangene Zustand war mit der Gesammtrichtung der Zeit dem practischen Leben vielfach entfremdet, in das Ideal allgemeinmenschlicher Bildung durch formelle Entwickelung der Geisteskräfte aus sich heraus gerathen. Diese Einseitigkeit konnte ihr Correctiv im praktischen Leben finden, in dem Zusammenwirken der Elementarlehrer mit den örtlichen Curatorien, mit gesellschaftlich höher stehenden und höher gebildeten Elementen. Das erreichbare Maß der Vorbildung und der Lehrthätigkeit ergiebt sich schließlich aus den beschränkten Mitteln der Volksschule und des Lehrpersonals von selbst. Die Regulative sind dagegen der Rückströmung ihrer Zeit gefolgt, sofern sie in Widerspruch mit dem Wesen der Wissenschaft und des geistigen Lebens prohibitive Schranken der Bildung ziehen, und die auf die Elementarbildung angewiesenen Klassen grundsätzlich in ihre niederen Schranken zurückverweisen. Dies Verhältniß, welches mit der dienenden Stellung des Volksschullehrers und mit Aufhebung der Unterthänigkeit seit einem Menschenalter überwunden schien, hat den tiefen socialen Stachel zurückgelassen, der ohne Beseitigung dieser Regulative nicht verschwinden wird.

behörden für Ernennung, Bestätigung, Prüfung der Lehrer, Aufsicht über deren Führung, Regelung des Schulgeldes, Einrichtung und Vertheilung der Schullasten, Verwaltung und Oberaufsicht des Schulvermögens, also für die „äußere“ Schulverwaltung. Daneben stehen die Provinzialschulcollegien für die „innere“ Verwaltung, d. h. die obere wissenschaftliche Leitung, innere Verfassung, Sorge für die Ausbildung der Elementarlehrer.

Alle Bedenken gegen die collegialischen Doppelorgane der heutigen preußischen Verwaltung kehren auch gegen diese doppelköpfige Schulverwaltung wieder. Die Zerlegung der Schulcontrollen nach den Gesichtspunkten der äußeren und inneren Schulverwaltung ist zwar bequem für den Sprachgebrauch, aber ungenügend für die Competenzverhältnisse. Es bedarf vielmehr einer positiven Aufzählung der Befugnisse, welche einerseits der Kreisschulcommission (S. 112), andererseits dem Oberschulcollegium (S. 124) zustehen. Für die Mittelinstanz der Provinzialverwaltung ergiebt sich daraus von selbst die Stellung eines stehenden Commissars der Centralbehörde einerseits, — eine anordnende, beaufsichtigende, vermittelnde Stellung gegenüber den Kreisschulcommissionen andererseits. Für solche Zwecke hat ein provinzielles Beamtencollegium heute wohl keinen Platz mehr. Diese provinziellen Schulcollegien haben ihre Zeit gehabt, um zuerst gleichmäßige Maximen der Schulverwaltung durchzuführen. Nach Erfüllung dieser Aufgabe werden die collegialischen Mittelbehörden Sammelplätze der Mittelmäßigkeit und Vielschreiberei, Hauptorgane des Zuvielregierens.

An ihre Stelle würden besser General-Schulinspectoren für die 26 Regierungsbezirke treten. Es wird schwer genug sein, eine solche Zahl angesehener Schulmänner mit angemessenen Gehalten zu finden; geschweige denn ganze Collegien. Der General-Schulinspector tritt als das bewegliche Mittelorgan zwischen das Ober-Schulkollegium und die Kreisverwaltung, mit denjenigen Funktionen der bisherigen Mittelinstanz, welche nicht jenen beiden endgültig überwiesen sind. Die lebendige, persönliche Vermittelung zwischen Centralverwaltung und lokaler Selbstverwaltung, auf die es hier ankommt, ruht besser, wirksamer und mit dem vollen Bewußtsein persönlicher Verantwortlichkeit in höher gestellten sachverständigen Beamten, als in kleinen unter der Firma der Collegialität unverantwortlichen, zu einer persönlichen Aufsicht ungeeigneten Beamtenkörpen. In sehr großen Regierungsbezirken und in den Landestheilen gemischter Confession wird sich das Bedürfniß eines zweiten Staatsinspectors zur Assistenz ergeben. In den sehr wenigen Fällen, in welchen es nach der neuen Einrichtung noch auf eine collegialische Beschließung ankommen kann, wird ein Zusammentreten des General-Schulinspectors mit dem Präsidenten und dem Justitiarius der Regierung genügen.

Bestimmend bei diesen Vorschlägen ist der allgemeine Gesichtspunkt, das verwaltende Staatspersonal, soweit es unentbehrlich ist, in wenige hochbesoldete Stellen zu concentriren, und durch persönliche Einwirkung und mündliche Verhandlung den Geschäftsgang zu vereinfachen. Das Gegentheil davon würden die älteren Projecte erzielt haben, welche für jeden Kreis einen besoldeten evangelischen resp. katholischen Schulinspector creiren, und so durch vielleicht 500 niedrig besoldete Stellen recht eigentlich die Mittelmäßigkeit in der Schulbureaukratie organisiren wollten. In Frankreich hat die Verordnung von 1850 durch Einführung der halben Zahl von Inspecteurs d'arrondissement in jener Weise gerade genügt, um die wohlthätigen Folgen des von Guizot herrührenden Schulgesetzes zu zerstören und den dürren Schematismus der Schulverwaltung zu vollenden.

III. Für die Kreisschulverwaltung ist eine Staatsaufsicht bereits in der Kreisschulcommission mit enthalten. Die Mitglieder derselben sind, den Grundsätzen des selfgovernment entsprechend, verantwortliche, auf Befolgung der Landesgesetze vereidete Beamte, und als solche ebenso zuverlässige Organe der Schulverwaltung, wie die kleinen besoldeten Beamten, durch welche das büreaukratische System die Lokalverwaltungen führt. Als ständiger Staatscommissar gehört dazu der Kreislandrath. Dem General-Schulinspector und seinem Assistenten wird außerdem die Befugniß einzuräumen sein, jeder Sitzung der Kreisschulcommission und der Lokalcuratorien, sowie auch den Sitzungen der städtischen Schuldeputationen (ohne entscheidende Stimme) beizuwohnen.

Sicherlich ist Werth auf eine häufige Ortsinspection der einzelnen Schulen zu legen. Das richtige Organ dafür werden indessen die zahlreichen Mitglieder der Kreisschulcommission und der Lokalcuratorien bilden, darunter Tausende von sachverständigen Schulmännern und Geistlichen. Tritt dazu das concurrirende Recht des General-Schulinspectors und seines Assistenten zur Lokalbesichtigung, so wird dies für den regelmäßigen Geschäftsgang ausreichen. Für ein vorübergehendes besonderes Bedürfniß ambulanter Schulinspection können Staats- und Kreisbehörden durch diätarische Commissarien sorgen.

Mit dem selfgovernment entsteht das richtige Grundverhältniß der Staatsverwaltung, welches in unserer reformirten Gerichtsverfassung bereits durchdringt.

Der Schwerpunkt aller Staatsverwaltung soll schon in der ersten Instanz liegen, und zwar in Einzelbeamten für die executiven Funktionen, in collegialischer Formation, soweit es sich um Aufrechthaltung gesetzlicher Ordnung und des Gesammtsystems der Verwaltung handelt.

Die Mittelinstanz der heutigen Verwaltung, deren weite Ausdehnung nur durch das Absterben der alten Communalverfassungen entstanden ist, kann sich nach Wiederherstellung derselben auf wenig zahlreiche Mittelspersonen beschränken.

Die Centralorgane des Staats sind als Ministerialdepartements zur Initiative der Gesetze, zur Handhabung der Regulativgewalten und der Anstellungsrechte bestimmt, nicht aber zur Jurisdiction über streitige Fragen des Verwaltungsrechts, für die es ständiger Behörden mit dem Charakter der Gerichtsverfassung bedarf.

Ist somit den Staatsforderungen Genüge geschehen, so fragte es sich, ob auch den Ansprüchen der anerkannten Kirchen?

Die alte Regiererin der Volksschule, nachdem sie durch die Entwickelung des modernen Staats mediatisirt worden, kann der Natur ihrer Stellung nach durch keine Einrichtungen des Staats und der Commune voll befriedigt werden. Der beherrschende Antheil an der Erziehung der Jugend bleibt eine Lebensfrage der Kirche; die römisch-katholische insbesondere hat ihren Anspruch auf die volle Leitung der „durch die Taufe ihr zugehörigen" Kinder als ein von Gott verliehenes unveräußerliches Recht niemals aufgegeben. Die Erklärungen der katholischen Bischöfe über den preußischen Schulgesetzentwurf von 1819, die „Denkschrift der katholischen Bischöfe über die Verfassungsurkunde für den preußischen Staat" (Köln 1849), die wiederholten Erklärungen der einzelnen Bischöfe in Preußen und in den einzelnen deutschen Staaten, die Encyclica und der Syllabus, die neuesten Kundgebungen der römisch-katholischen Kirche im Ganzen und im Einzelnen, können unmöglich einen Zweifel darüber lassen, daß die Kirche noch heute die ganze Regierung der Schule beansprucht, und daß sie selbst die Grundsätze des Tridentiner Concils und des Westphälischen Friedens nur als widerrufliche Concessionen gelten läßt.

Von evangelischer Seite stellen bereits die Verhandlungen der evangelischen Generalsynode zu Berlin vom Jahre 1846 dieselben Rechtsansprüche in Aussicht. Es ist nur Folge der bisher unvollendeten „Selbständigkeit" der Kirche, also Frage der Zeit, wenn die Ansprüche dieser Seite noch nicht fest und allgemein formulirt vorliegen. Die unbedingte Parität mit den Ansprüchen der katholischen Kirche ist in jedem Stadium der Schulfrage behauptet worden. Die scharfe Antithese steht also auch von dieser Seite dahin, „daß die Wissenschaft nur glauben will, was sie weiß, die Kirche nur wissen will, was sie glaubt."

Es ist deshalb ein unmöglicher und vergeblicher Weg, wenn der Staat eine vertragsmäßige Vermittlung durch Concordate sucht, welche zwischen den Ansprüchen auf souveraine Regierung über denselben Gegenstand nun einmal nicht zu schließen sind. Es ist das noch vergeblicher als das Bemühen, die Verhältnisse mediatisirter und depossedirter Fürsten durch Verträge zu regeln; während die Idee der absoluten Legitimität durch keine Art der Pacten sich binden läßt.

Wohl aber hat der Staat das Recht der Kirche anzuerkennen, ihrem Geist auch in dem Leben Geltung zu schaffen, in dem Beamtensystem des Staats wie in der politischen Gemeindeverwaltung sich nicht auflösen zu lassen. Man hat bisher wohl geglaubt, diesem Anspruch einen angemessenen Ausdruck in der Vorschrift zu geben:

> „daß die betr. Kirchen, (oder gar die Religionsgesellschaften), den Religionsunterricht und den religiösen erziehenden Geist der Schule leiten und beaufsichtigen sollen."

Es sind dies aber vage, völlig unbestimmbare Begriffe, die aus dem einheitlichen Amts-Organismus des Staats in Verhältnisse übertragen sind, für welche sie nicht passen. (Der neue Entwurf eines bayerischen Schulgesetzes sagt sogar (Art. 109): Die Aufsicht auf den Religionsunterricht und das religiös-sittliche Leben mit den daraus hervorgehenden Wirkungen solle den kirchlichen Oberbehörden „verfassungsmäßig" zustehen; der die Aufsicht führende Pfarrer der Ortsschulcommission in dieser Eigenschaft seiner vorgesetzten Kirchenbehörde „verantwortlich" sein.) Es entsteht dadurch eine zwiespaltige Leitung und zwiespaltige Aufsicht der Schule, welche, wenn sie ernst wird, die Schulverwaltung zerreißt, und die Conflicte schließlich auf die einzelnen Lehrer und Familienväter wirft, welche sie nicht zu lösen vermögen. Jene Theilung der Gewalten verwirrt sich um so mehr, als die Bestrebungen auf evangelischer und katholischer Seite einander widerstreiten, als die anerkannten Kirchen mit dem Dissidententhum, mit dem Lehrerstand und den Gemeinden in einer Spannung des Berufslebens stehen. Alles das wird durch die oberflächliche Formel einer „Mitleitung" und Mitaufsicht in keiner Weise gehoben. Es bedarf für diese Verhältnisse vielmehr bestimmter Rechtsgrundsätze, Rechtscontrollen und eines Instanzenzuges, der die Entscheidung und Vermittelung an diejenigen Stellen legt, welche zum Austrag und zur Vermittelung wirklich geeignet sind.

Da es **unmöglich** ist, den Ansprüchen auf höchste Regierung durch Concession einer Mitregierung zu genügen, so muß auch die Staatsgewalt endlich dem in sich Unmöglichen entsagen. Das Mögliche ist, dem **Gewissen** ihrer Unterthanen zu genügen, die **Lehre** der Kirche in der Schule, die **Zucht** der Kirche durch die Familie walten zu lassen. Die Verbindung der Kirche mit der Schule kann demgemäß nicht von oben nach unten, sondern sie kann nur von **unten nach oben** erfolgen in nachstehenden Abstufungen.

1. Die Ausgleichung des Streit muß von unten auf beginnen in der **zusammengesetzten Gestalt der Kreisschulcommissionen und ihrer Lokalcuratorien**. Die systematische Gegenüberstellung der Oberleitung eben giebt dem Streit die ungeheuerlichen Dimensionen, welche er zeitweise anzunehmen droht. So lange die Hierarchien in dem Bestreben der Erweiterung ihrer Macht einander gegenüberstehen, ist ein Friede überhaupt nicht möglich. Sobald aber **zwei Geistliche** verschiedener Confessionen mit einander, und im Verein mit praktischen Schulmännern und höhergebildeten Laien, für den gemeinsamen Zweck der Jugenderziehung zu berathen, zu arbeiten und zu wirken genöthigt sind, und **gewohnheitsmäßig** zusammenzuarbeiten beginnen: da findet sich die Lösung in der Regel stillschweigend. Man überzeugt sich an der concreten Wirklichkeit, daß das Zusammenleben unserer Confessionen auf denselben Schulbänken nicht nur möglich, sondern wirklich, und nach den deutschen Lebensverhältnissen nothwendig ist. Man bescheidet sich, daß der Schwerpunkt der Kirche unseres Jahrhunderts nun einmal in Lehre und der Seelsorge, nicht in der Macht und in der Regierung der äußerlichen Dinge liegt. Soweit der hierarchische Geist nichts weiter erstrebt als dies, wird er sich aus den Schulcommissionen stillschweigend zurückziehen. Soweit der Eifer dagegen einen religiösen und sittlichen Inhalt in sich trägt, wird er sich durcharbeiten und endlich befriedigt finden in einer segensreichen Thätigkeit. Für solche bietet die zusammenfassende innere und äußere Ordnung des Schulwesens das reichste Feld dar, in jedem Falle ein nachhaltigeres, als ein von Oben herab gewährtes allgemeines „Aufsichtsrecht." Die so gesicherte Mitwirkung erstreckt sich auf etwa 5 bis 6000 Geistliche evangelischer und katholischer Confession in den Lokal-Curatorien, in den Kreis-Schulcommissionen und in den städtischen Schuldeputationen. Dieser persönliche Einfluß wird ein größerer sein gerade dann, wenn durch das System der Schulcommissionen diejenigen Geistlichen herangezogen werden, welche Neigung und Beruf dafür haben, als wenn

die Schulaufsicht in eine officielle Verbindung mit allen Pfarrämtern gebracht wird in dem dürftigen System der Ortsvorstände und der Kreisschulinspectionen.

2. Die Mittelinstanz der Schulverwaltung ist in der richtigen Gestaltung dazu geeignet, die Entstehung von prinzipiellen Streitfragen aus dem Uebereifer der provinziellen und Localstellen zu verhüten. Ein höher gestellter General-Schulinspector wird in persönlicher Verhandlung mit Bischöfen und Generalsuperintendenten einerseits, — mit den Kreisschulcommissionen andererseits, — darin weiter kommen als die bisherigen Provinzial-Schul- und Regierungsdecernate. Nothwendig ist aber auch deshalb eine höhere Stellung der General-Schulinspectoren auf dem Fuß der socialen Gleichheit mit den Kirchenobern.

3. Die prinzipiellen Streitpunkte zwischen Kirche, Staat und Schule endlich können nur bei den Centralbehörden zum Austrag kommen.

Die anerkannten Kirchen müssen durch ihre höchsten corporativen Organe die Befugniß haben, (1) die ihnen durch die Landesgesetzgebung zustehenden Rechte geltend zu machen, (2) bei den Regulativgewalten des Staats die gebührende Rücksicht auf das religiöse Element der Schulerziehung zur Geltung zu bringen.

In streitigen Fragen der Gesetzauslegung bedarf es eines entscheidenden Gerichtshofes für die Streitpunkte zwischen Kirche und Staat dringender als für jedes andere Gebiet streitiger Gesetzauslegung.

Die allgemeinen Ansprüche der Kirchen bei Gestaltung der Schulpläne, des Seminarunterrichts und der Lehrerprüfungen, also bei Handhabung der Regulativgewalten, können zum sachlichen Austrag ebenso nur durch eine collegialische Behörde kommen. Eine entscheidende Gewalt (jurisdictio) des evangelischen Ober-Kirchenraths oder der katholischen Bischöfe ist auch bei diesem Punkte unzulässig, da die Bestrebungen der Kirchen sich widersprechen, da jede Kirche die ganze Leitung des Unterrichts und der ganzen Ausbildung des Lehrpersonals für sich beansprucht. Die Lösung kann also nur in der collegialischen Gestalt der Regulativbehörde (Oberschulcollegium) liegen, an welcher beide Kirchen ihren verhältnißmäßigen Antheil haben, — also in einer Einrichtung, welche in paritätischer Weise nur von der Staatsgewalt ausgehen kann.

Der Anspruch der Kirchen auf eine gehörige Ausbildung des Lehrpersonals in seiner Stellung als Religionslehrer muß in den Regulativen ihre angemessene Form finden; es gehört dazu eine stetige Kenntniß der Lehrpläne und der Prüfungsordnungen. Auch für die

Betheiligung der Kirchenverwaltung durch einen Mitcommissarius an den Lehrerprüfungen ist eine Form zu finden.

Beschwerden der Kirchenverwaltung gegen die Ausführung der Lehrpläne, die Gestaltung der Schulandachten, den Gebrauch von Lehrbüchern rc. werden schließlich ebenso in der Entscheidung eines Ober-Schulcollegiums den angemessenen Austrag finden.

Der Gesammtausstellung nach eröffnet also sich für Lehre und Seelsorge ein erhöhter Wirkungskreis: nur nicht für die Kirchenregierung als solche. Ebendeshalb können diese Einrichtungen den Theil des Clerus nicht befriedigen, dem es nicht auf Lehre der Jugend, nicht auf die mühevolle Mitarbeit, sondern nur auf die Machtstellung der heiligen Kirche, ihrer zeitigen Regierer, ihrer herrschenden Partei ankommt. Jedes deutsche Schulgesetz muß die Opposition dieser Seite ertragen, wie die mancher andern socialen Extreme. Möglicher Weise wird der in deutschen Staaten versuchte clericale strike auch gegen diese Schulgesetzgebung versucht werden. Es wird sich aber empfehlen, dagegen keine Zwangsmaßregeln, sondern einen gesetzlichen Vorbehalt auszusprechen, daß „in Ermanglung eines Geistlichen" auch ein Religionslehrer der betr. Confession zum Mitglied der Commissionen ernannt werden kann.

Alles was das Gewissen und die religiöse Ueberzeugung in der Volksschule sucht, ist in der That durch diese Einrichtungen zu gewähren: nur das Eine nicht, daß ein Bekenntniß die Schule allein bilde und durch sein Kirchenregiment beherrsche. Indem aber der Staat Alles gewährt, was er gewähren kann, stellt er seinen Angehörigen die in diesem Streit unvermeidliche Wahl zwischen dem nationalen Gesammtstaat und der kirchlichen Sonderregierung. Schon in früheren Jahrhunderten hat die italienische Prälatur das nationale Bewußtsein unseres Volks in kritischen Zeitpunkten provocirt. Die Provocation ist diesmal mit Encyclica, mit Syllabus und allgemeinem Concil in einen Wendepunkt des deutschen Lebens gefallen, in welchem die Entscheidung weniger zweifelhaft ist als in früheren Jahrhunderten.

XII.

Das Resultat und die Fortbildungen.

Vorbehaltlich der Fassung und der Ausführung in Einzelparagraphen wird sich ein Gesetz über die Selbstverwaltung der Volksschule dahin articuliren lassen:

I. Die Erhaltung der Volksschule geht unter Auflösung der bestehenden ländlichen Schulsocietäten als gemeine Kreislast auf die bestehenden Kreisverbände über, vorbehaltlich der Sonderstellung der Städte (S. 54—70.)

II. Binnen Jahresfrist nach Publication dieses Gesetzes ist die Erhebung von Schulgeldern für den Elementarunterricht einzustellen. (S. 20—39.)

III. Die Besoldungen der Lehrer und die übrigen Kosten des Elementarunterrichts werden in Zukunft durch eine Hausstandssteuer aufgebracht, welche von jedem nutzenden Inhaber eines Gebäudes, Land- und sonstigen Realbesitzes innerhalb des Gemeinde- und Kreisverbandes nach dem Mieths- und Pachtwerth, durch Gemeindebeamte einzuschätzen, zu erheben und zu verwalten ist, nach Maßgabe eines besonderen Gesetzes. (S. 81—96.)

IV. Bis zur Durchführung dieses Kreis- und Gemeindesteuersystems [binnen 5 Jahren] werden die Erhaltungskosten der Volksschule durch gleichmäßige Zuschläge zur Grund-, Gebäude-, Klassen- und Einkommensteuer aufgebracht. (S. 71—80.)

V. Die Feststellung des Verwaltungsetats der Kreisschulverwaltung, sowie aller ordentlichen und außerordentlichen Ausgaben, erfolgt durch die Beschlüsse einer gewählten Kreisversammlung, zu welcher 24 bis 48 Kreisverordnete des platten Landes von 3 zu 3 Jahren nach den bestehenden Gesetzen und Wählerlisten der Landesvertretung zu wählen sind. (S. 96—106.)

VI. Für die Kreisverwaltung der Volksschule wird eine ständige Kreisschulcommission gebildet, bestehend aus dem Kreislandrath, 1 Kreisamtmann,*) 1 städtischem Magistratsmitglied, 1 Geistlichen der im Kreisverband vorherrschenden Confession, 1 praktischen Schulmann,

---

*) Nach Maßgabe des in nächster Session vorzulegenden Gesetzes über die ländliche Polizeiverwaltung.

2 Kreisverordneten und 1 Kreisdeputirten, mit der Befugniß zur Anstellung und Entlassung der Lehrer, Handhabung des Ordnungsstrafrechts, Vermögensverwaltung und Oberleitung der Schulen des Kreisverbandes. (S. 107—113.)

VII. Für die örtliche Verwaltung ist in jedem Amtsbezirk ein Curatorium, bestehend aus dem Kreisamtmann, aus den in dem Amtsbezirk ansässigen Kreisverordneten, 1 Geistlichen, 1 Lehrer und 1 Spezialdeputirten, als ständiges Organ der Kreisschulcommission zu bilden. (S. 114—120.)

VIII. Die städtische Verwaltung des Schulwesens ist nach folgenden Maßgaben zu gestalten (S. 103—106.)

1. Die großen Städte bilden einen Kreisverband für sich, in welchem die städtische Schuldeputation die Rechte der Kreisschulcommission, die Stadtverordnetenversammlung die Rechte der Kreisverordnetenversammlung ausübt.

2. die übrigen Städte bilden in der Regel ein gesondertes Schulsystem, unter ergänzender Oberleitung der Kreisschulcommission. An der Kreisvertretung nehmen die Städte durch eine der Gesammtmasse ihrer directen Steuern entsprechenden Zahl von Kreisverordneten Theil.

3. den Städten unter 2000 Einwohnern wird der Eintritt in das System der Kreis- und Bezirksschulverwaltung offen gehalten.

IX. Die Staatsaufsicht wird durch einen General-Schulinspector in jedem Regierungsbezirk geübt, mit den bisherigen Befugnissen des Provinzial-Schulkollegiums und der Regierungsabtheilung, soweit solche nicht der Kreisschulcommission übertragen sind. (S.124-126.)

X. Die Centralverwaltung verbleibt dem **Unterrichtsminister**, mit Nebenordnung eines Ober-Schulkollegiums zum Erlaß der Regulative für die Lehrpläne der Volksschule, der Seminarien und für die Prüfungsordnung. (S. 121—127.)

Die Durchführung dieser Sätze im Einzelnen wird den in allgemeinen Resolutionen so oft ausgesprochenen „Antheil des Staats, der Kirche und der Gemeinden an der Volksschule" in der That verwirklichen.

Es ist aber nicht die Volksschule allein, welche uns auffordert, die deutsche Gemeinde in einem größeren Maßstabe zu verjüngen. Jede wichtigere Frage unseres inneren Staatslebens weist darauf hin, daß die Kleinlichkeit des Maßstabs, welchen der Feudalismus hinterlassen hat, überwunden werden muß.

Der große Gedanke der Wiederverbindung des Gerichts mit dem Gemeindeleben in Gestalt der Geschworenengerichte hat in Deutschland längst die lebhafteste Zustimmung gefunden: aber sehr schwer wird uns noch immer die Einsicht, daß die Jury ein Institut des Kreisverbandes darstellt; daß unsere alte Schöffenverfassung gerade an der Zersplitterung der Ortsgemeinden zu Grunde gegangen ist; daß die Erneuerung dieser Gemeindethätigkeit in größerem Maßstab die erste Grundlage des heutigen Selfgovernment bildet.

Der Gedanke einer örtlichen Polizei-Verwaltung durch Ehrenämter nach Weise der englischen Friedensrichter hat auch in Deutschland den lebhaftesten Anklang gefunden: der lokale Partikularismus vermag sich aber schwer zu überzeugen, daß die Friedensrichterverfassung ein Institut des Kreisverbandes, nicht der Ortsgemeinde ist.

Ideen eines Selfgovernment in der Militärverfassung und Analogien der englischen Miliz sind häufig auch in Deutschland angeregt: daß unsere Kreis-Ersatz-Commission und unsere Landwehr-Institution aber ein fertiges Stück der Selbstverwaltung in vollkommenerer Weise als die englischen Einrichtungen darstellen, wurde selten erkannt.

Die schon vorhandenen Einrichtungen für die Einschätzung der directen Steuern als integrirende Stücke der Selbstverwaltung sind bisher ebenso wenig nach Gebühr gewürdigt und im Sinne gesetzlicher Verantwortlichkeit weiter gebildet werden.

Für die evangelische Kirchenverfassung ist in den Kreis-Synoden ein Element kirchlicher Selbstverwaltung vorhanden, welches freilich, dem Wesen einer Institution für Lehre und Seelsorge entsprechend, besonderen Lebensbedingungen folgt.

Noch näher verwandt dem Volksschulwesen besteht endlich eine engere Gruppe des Communallebens, welche unverkennbar zu gleichartigen Einrichtungen des Kreisverbandes führen wird.

Die Armenlast, welche im Strom der Freizügigkeit als Last der zersplitterten Landgemeinden, Gutsbezirke und Kleinstädte nicht länger zu halten ist, wird auf der Basis eines Kreisniederlassungsrechts mit gemeinsamen Schultern zu tragen, durch einen Kreisausschuß und durch Lokalcommissionen der Amtsbezirke zu verwalten sein.

Die Wegeverwaltung wird erst durch den Kreisverband das nöthige Verwaltungspersonal und die ergänzenden Geldkräfte erhalten.

Die Ortspolizei endlich, welche im Schulwesen nur in vereinzelten Richtungen erscheint, bedarf einer durchgreifenden Organisation nach Amtsbezirken und Ehrenämtern, durch welche allein die Gefahr der Organisation des Polizeistaats von unten herauf abgewendet werden kann.

Die 3 Grundelemente der Organisation, welche im Schulwesen erscheinen, treten in allen Gliedern des Communallebens analog auf:

1. Die Nothwendigkeit fester Communalsteuern, um die communalen Bedürfnisse der kleinern, mittlern und größern Verbände nach ihrer Leistungsfähigkeit zu vertheilen. Mit dem gesetzlich feststehenden Steuerfuß verschwindet der unmittelbare Klassenkampf aus dem Communalleben, welcher die Entstehung einer Selbstverwaltung verhindert. Es tritt erst damit an die heutige Gesellschaft das Bedürfniß wie das Interesse einer Verwaltungs-Thätigkeit der Gemeindegenossen als der Hauptgesichtspunkt der neuen Gemeinde-, Kreis- und Provinzialgesetze heran. Erst damit entsteht das noch fehlende Bewußtsein, daß die größern und kleinern Körper des selfgovernment auf einheitlicher Grundlage von Steuern und Aemtern ruhen müssen.

2. Das Bedürfniß eines stehenden Körpers der Kreisverwaltung tritt für jeden Zweig ihrer Thätigkeit analog auf. Das bestehende Verwaltungsrecht aber ergiebt, daß die Armenverwaltung zum Theil anderer Personen als die Schulverwaltung bedarf; wieder anderer die Polizeiverwaltung; wieder anderer die Wegeverwaltung. Im System der Selbstverwaltung, als einer Verwaltung nach Gesetzen, muß jede öffentliche Function nach ihrem eigenen Bedürfniß formirt werden. Es gilt dies ebenso auch für die Steuereinschätzung, die Militärersatzcommission, die Bildung der Geschworenenlisten, die Kreissanitätscommission und manches andere, was wir als unverbundene Glieder einer Kreisordnung längst haben. Sobald die Gesetzgebung den Weg einschlägt, jeden Zweig der Kreisverwaltung so zu gestalten, wie es seine Natur und das bestehende Verwaltungsrecht erfordert, wird sich von selbst ergeben, daß die Kreisbehörde für Polizei-, Armen-, Schul-, Wegeverwaltung, Militäraushebung 2c. verschieden zusammenzusetzen ist, daß aber die Gleichartigkeit der Functionen Vieles auch wieder vereint und vereinfacht.

3. Die Analogie der Lokal-Curatorien wird sich auch für die Armenverwaltung und andere Zweige ergeben, welche eine Decentralisation der Lokalverwaltung zulassen. In dem Maß, in welchem Steuern und Aemter sich in den ländlichen Ortsgemeinden gesondert erhalten lassen, wird sich auch eine Selbständigkeit der bisherigen Landgemeinde, ihrer Vermögensverwaltung, und namentlich eine Wiederbelebung des Schulzenamts erreichen lassen; nicht aber durch schematische Landgemeindeordnungen.

Die Summe der gesetzlich geordneten Einrichtungen der Kreisverwaltung bildet von selbst die lange gesuchte „Kreisverfassung" und den „inneren Ausbau" der Verfassung, welcher aus dem Streit über Kreisstände oder Kreis-Parlamente bisher sich nicht ergeben hat.

An allen Punkten waren bedeutungsvolle Grundlagen einer Selbstverwaltung für uns längst vorhanden. Was ihre Fortbildung gehindert hat, ist der lokale Partikularismus, der hartnäckig Dörfer und Gutsbezirke als Gemeindekörper festhält. An diese Bruchstücke alter Besitzformation heftet dann die Gesellschaft ihre parlamentarischen Ideen: von der einen Seite in Form einer Standschaft, von der anderen Seite in Form einer gewählten Repräsentation, — beiderseits nur mit der Tendenz, den maßgebenden Einfluß zu gewinnen, und die ausführenden Organe der Lokalverwaltung nicht nach Maßgabe der Landesgesetze, sondern nach den Lokal-Interessen zu bestimmen. Daß Einrichtungen der Art mit dem heutigen Staat unvereinbar sind, daß solche nirgend bestehen, am wenigsten im englischen Selfgovernment, ist für die Gesellschaft kein Hinderniß, da sie über eine „Regierung nach Gesetzen" hinaus zu sein glaubt. Erst bei dem Versuch einer wirklichen Ausführung zeigen sich die gehäuften Widersprüche, welche unter dem conventionellen Wort Selbstverwaltung halbverstandene englische und halbverstandene französische Einrichtungen nach dem Maßstab deutscher Dörfer und Gutsbezirke sich zurecht gelegt haben.

Um aus dem Kreislauf dieser Ideen herauszukommen, bedarf es des Entschlusses, die Lokalverwaltung nach Gesetzen, nicht nach lokalen Interessengruppen gestalten zu wollen. Es bedarf des Entschlusses, die bestehenden Verwaltungsgesetze durch verantwortliche Aemter des Communalverbandes auszuführen, und demnächst fortzubilden. Es bedarf des Entschlusses, nicht die Namen einer Selbstverwaltung, sondern die Sache zü wollen, d. h. die Staatsorgane durch Communalorgane zu ersetzen, in dem Maß und in den Formen, wie es die Natur der öffentlichen Geschäfte zuläßt. Eine solche Organisation muß ebendeshalb für die Hauptgebiete der inneren Verwaltung ihren besonderen Weg einschlagen. Die hier gegebene Darstellung beschränkt sich auf das Schulwesen, läßt aber erkennen, wie die parallel gehenden Glieder der inneren Staatsverwaltung analog zu behandeln sind.

Kehren wir zu dem Gebiet der Schulverwaltung zurück, so läßt sich die Bedeutung des selfgovernment für das gesammte Staats- und Volksleben in einen Rückblick auf die Hauptrichtungen der öffentlichen Meinung, welche in der Selbstverwaltung ihre Geltung suchen, dahin zusammenfassen.

Der nächste Gesichtspunkt der Selbständigkeit der Lokalverwaltung wird erreicht, indem durch gesetzliche Regel die Kreisschulcommissionen und Lokalcuratorien mit intelligenten und verwaltungsfähigen Personen besetzt, und mit entscheidenden, verantwortlichen Functionen betraut werden; indem also dem Staatsbeamtenthum die besitzenden Klassen der Gesellschaft mit dem nöthigen Ansehn und mit dem Bewußtsein selbstthätiger Verantwortlichkeit gegenübertreten. Nur auf diesem Verhältniß beruht das Wesen und die Selbständigkeit des selfgovernment. Sobald durch die Kreis-Schulcommissionen und Lokal-Curatorien etwa 4000 Kreisamtmänner und zahlreiche städtische Magistratsmitglieder, etwa doppelt so viel gewählte Kreisverordnete, etwa 5000 Geistliche, fast eben so zahlreich practische Schulmänner und Specialdeputirte an der actuellen Schulverwaltung betheiligt sind: so wird es keine Gefahr mehr haben mit dem Zuvielregieren und Reglementiren der Staatsverwaltung. Es wird auch keine Gefahr mehr haben mit der einseitigen Geltendmachung kirchlicher und politischer Parteistandpunkte der Centralverwaltung; denn alle Erfahrungen des selfgovernment ergeben, daß die ständigen Körper der Kreis- und Stadtverwaltung für die Parteistandpunkte constitutioneller Staatsverwaltung wenig empfänglich sind. Nachhaltiger noch als die gesetzlichen Competenzen wirkt in dieser Richtung das moralische Bewußtsein, welches diesen Körperschaften sagt:

> Auf unsern Steuern beruht die wirthschaftliche Existenz der Volksschule, auf unserer persönlichen Thätigkeit die gesetzmäßige Verwaltung und Ordnung derselben; wir werden daher die Verwaltung führen nach unserem besten Ermessen, wie es sich aus unmittelbarer Kenntniß und Behandlung der Verhältnisse ergiebt.

Dies ist der durchgehende Charakter des Zwischenbaus, der die englische Verwaltung von den gefälschten „constitutionellen" Theorien scheidet.

Die nationale Selbstbestimmung der Volkserziehung in ihrer idealen Grundrichtung wird durch die selbstthätige Mitwirkung einer zahlreichen Kreis- und Stadtvertretung und durch das verwaltende Personal der Kreisamtmänner, Magistratsmitglieder, Geistlichen, Lehrer und Specialcapacitäten in ihrer Rückwirkung auf die Gesetzgebung gesichert sein. Die kirchlichen und politischen Parteirichtungen finden darin ihre practische Wirksamkeit, aber auch ihre Ausgleichung in einer gesetzlich formirten und begrenzten Amtsthätigkeit. Für die Centralverwaltung tritt dazu eine ergänzende Controlle der Landesvertretung durch Bewilligung des Gesammtetats des Unterrichts, durch eine Generalcontrolle der Ministerverwaltung im constitutionellen System.

Die von dem Lehrpersonal selbst erstrebte Mitwirkung wird in hinreichendem Maße gegeben sein durch etwa 5000 practische Schulmänner, welche in den Lokalcuratorien, den Kreis-Schulcommissionen, den städtischen Schuldeputationen und dem Staatsinspectorat ihre Stelle finden. Das Lehrpersonal selbst wird sich dann überzeugen, daß sich keine besonderen Kreis- und Provinzialparlamente aus Schullehrern bilden lassen, und daß keine „ausführenden Organe“ für solche Lehrerparlamente zu denken sind, da die geldbewilligenden Kreis- und Stadtvertretungen ebenso wie die Centralbehörden nur ihre eigenen Beschlüsse ausführen werden.

Von der Seite der besitzenden Klassen aus wird der große Grundbesitz allerdings weder Virilstimmen noch Collectivstimmen finden; wohl aber eine machtvolle Stellung in dem Ehrenamt der Kreisamtmänner; eine gesicherte Stellung in der ersten Klasse der Steuerzahler; einen sicheren Wahleinfluß auf die Steuerzahler der dritten Klasse. Die englische Aristocratie hat seit dem Ende des Mittelalters nur das erste und das dritte dieser Machtverhältnisse für sich gehabt, und darin Alles gefunden, was sie wollte und gebrauchte. Jene dreifache Stellung gewährt dem großen Besitz in jedem Falle mehr als jede neu auszudenkende „Kreisstandschaft“. Ein persönlich verwaltetes Ehrenamt ist die stärkste Virilstimme, welche eine Verfassung zu gewähren vermag. Auch dem „alten und befestigten“ Grundbesitz wird der politische Einfluß des Ehrenamts am wenigsten entgehen, wenn die Person dazu nicht völlig ungeeignet ist.

Der Anspruch der anerkannten Kirchen wird von der sachlichen Seite aus gesichert sein, indem das Gesetz den Religionsunterricht als wesentlichen Theil des Schulplans anerkennt und auf dem Wege der Rechtssprechung garantirt: von der persönlichen Seite aus durch die lebendige, selbstthätige Mitwirkung von etwa 5000 Geistlichen in der örtlichen und Kreisschulverwaltung, durch das Recht des Kirchenregiments zur stetigen Kenntnißnahme von dem Gange der Schulverwaltung und zur Geltendmachung der kirchlichen Ansprüche durch das Medium eines Verwaltungsgerichtshofes und einer paritätischen Regulativbehörde. Es wird damit dem Gewissen der Confessionen und der deutschen Geistlichkeit genügt, zugleich aber auch die machtvolle Organisation gewonnen sein, um die weitergehenden Ansprüche der von den Jesuiten beherrschten Curie und Prälatur endgültig zurückzuweisen.

Vom Standpunkt der Staatsregierung aus werden die nothwendigen Garantien für die Ausführung der Schulgesetze und

Regulative gegeben sein durch die zusammenfassende Stellung des Centraldepartements und des Oberschulcollegiums, durch das Staatsinspectorat in den Regierungsbezirken, durch den Landrath als königlichen Commissarius in den Kreisschulcommissionen. Diese Staatsbehörden werden zugleich dem Lehrpersonal den nothwendigen Schutz gegen Willkühr der Kreisschulverwaltung gewähren. Der Verwaltungsgerichtshof wird auch als Regulator der Centralverwaltung die gleichmäßige Handhabung der Schulgesetze gegen die Kirchen- und Communalverwaltungen sichern.

Für die Gesammtentwicklung der Nation wird die selbstthätige Verwaltung erst es zum vollen Bewußtsein bringen, wie der Schulzwang das stärkste Band bildet, welches Staat und Gesellschaft in ihren höchsten Bestrebungen vereint; wie die Unentgeltlichkeit des Volksunterrichts den Klassengegensatz von Arm und Reich von unten herauf aufhebt; wie er den arbeitenden Klassen von dem Punkte die Hülfe gewährt, wo unmittelbar zu helfen ist, wo die Hülfe nicht mehr als ein Almosen erscheint, welcher den Empfänger herabdrückt und entmuthigt, sondern als Ausdruck des Grundsatzes, daß die gemeinsame Erziehung der Jugend die nationale Aufgabe Deutschlands sein soll. Ist die Lösung der „socialen Frage" nicht durch neue wirthschaftliche Einrichtungen, nicht durch das allgemeine Stimmrecht und immer neu ertheilte Wahlrechte herbeizuführen, so ist es doch gewiß, daß der Volksunterricht zugleich den nächstliegenden und zugleich den höchstliegenden Punkt trifft: die gemeinsame Erhebung der schwächeren Klassen der Bevölkerung zu einem höhern wirthschaftlichen und sittlichen Dasein.

Die weiteren Ziele des selfgovernment: den besitzenden Klassen das Bewußtsein ihres Staatsberufs wiederzugeben, dem Staatsbeamtenthum ein ebenbürtiges Gegengewicht zu schaffen, die Kluft zwischen Staatsverfassung und Staatsverwaltung zu füllen, — werden in weiterer Durchführung des Systems noch erkennbarer hervortreten. Die wirkliche Heranziehung des Besitzes und der Bildung zur Verwaltung des obrigkeitlichen Amts ist der archimedische Punkt, von welchem aus die Alleinherrschaft des zünftigen Beamtenthums zu brechen ist; wogegen die bloße Feindseligkeit gegen die „Büreaukratie" das Beamtenpersonal zwar verschlechtern, aber nicht aus seiner Machtstellung verdrängen kann. Die Harmonie zwischen Staat und Gesellschaft, auf welcher die politische Freiheit beruht, ist nicht zu erreichen, so lange nicht das Beamtenthum etwas von der Unabhängigkeit der besitzenden Klassen, die besitzende Klasse etwas von der praktischen Kenntniß und Gewöhnung des Beamtenthums zu gewinnen weiß. Die

Theilnahme der höheren Stände am Staat gewinnt dann ihren berechtigten Einfluß und ihre Popularität auch auf der andern Seite; denn besitzende und nichtbesitzende Klassen erkennen in der praktischen Thätigkeit des Schul- und Armenwesens, der Polizei, der Gesundheitspflege und der Wohlthätigkeitsanstalten, daß die geistige und sittliche Erhebung der Gesammtheit nur durch ein harmonisches Zusammenwirken aller gesellschaftlichen Klassen zu erreichen ist.

In England hat sich seit der Reformation der Specialbau des selfgovernment von der Armenpflege aus formirt und fundamentirt. Wenn er sich in Deutschland von der Volksschule aus aufbaut, so wäre das entsprechend unserer eigenen Weise der Reformation. Es wäre das unsere nationale Weise des Aufbaues einer Selbstverwaltung, darauf beruhend, daß wir Kirche und Schule, Religion und Erziehung doch noch ernster und tiefer fassen als unsere Nachbarn im Westen. Wir werden ihnen auf ihre gutgemeinten aber etwas beschränkten Einwendungen gegen Schulzwang und Militärpflicht erwidern: es ist das die Selbstverwaltung nach deutscher Weise.

Druck von J. Dräger's Buchdruckerei (C. Feicht) in Berlin.

GPSR Compliance

The European Union's (EU) General Product Safety Regulation (GPSR) is a set of rules that requires consumer products to be safe and our obligations to ensure this.

If you have any concerns about our products, you can contact us on ProductSafety@springernature.com

In case Publisher is established outside the EU, the EU authorized representative is:

Springer Nature Customer Service Center GmbH
Europaplatz 3
69115 Heidelberg, Germany

Batch number: 10844655

Printed by Printforce, the Netherlands